Gusti della Cina
Un Viaggio Culinario alla Scoperta della Tradizione Orientale

Marco Li

Contenuti

carpa in agrodolce 10
Carpa con tofu 12
Involtini di pesce alle mandorle 14
Merluzzo con germogli di bambù 16
Pesce con germogli di soia 18
Filetti di pesce in salsa marrone 20
Torte di pesce cinesi 21
Pesce fritto croccante 22
Merluzzo fritto 23
cinque pesci speziati 24
Bastoncini da pesca profumati 25
Pesce con sottaceti 26
Zenzero piccante cod 27
Merluzzo con salsa al mandarino 29
pesce all'ananas 31
Involtini di pesce con carne di maiale 33
Pesce al vino di riso 35
Pesce fritto 36
Pesce con semi di sesamo 37
Polpette di pesce al vapore 38
Pesce marinato in agrodolce 39
Pesce con salsa vinaigrette 40
anguilla fritta 42
Anguilla bollita a secco 43
Anguilla con sedano 45
Peperoni ripieni di eglefino 46
Eglefino con salsa di fagioli neri 47
Pesce in salsa marrone 49
cinque pesci speziati 50
Pianta d'appartamento all'aglio 51
pesce piccante 53
Eglefino allo zenzero con Pak Soi 55

Trecce domestiche	57
Involtini di pesce al vapore	58
Halibut in salsa di pomodoro	60
Rana pescatrice con broccoli	61
Triglie in salsa di soia densa	63
Pesce del mare occidentale	64
passera fritta	65
Passera al vapore con funghi cinesi	66
sogliola all'aglio	67
Flounder con salsa di ananas	68
Salmone tofu	70
Pesce marinato fritto	71
trota con carota	72
trota fritta	73
Trota con salsa al limone	74
Tonno cinese	76
Tranci di pesce marinati	78
gamberi alle mandorle	79
Gamberetti all'anice	81
gamberi con asparagi	82
gamberi con pancetta	83
polpette di gamberetti	84
Gamberoni alla griglia	86
Gamberi con germogli di bambù	87
Gamberi con germogli di soia	88
Gamberi in salsa di fagioli neri	89
Gamberi con sedano	91
Gamberi fritti con pollo	92
gamberetti al pepe	94
Chop Suey di gamberetti	95
Chow Mein Di Gamberetti	96
Gamberi con zucchine e litchi	97
gamberetti granchio	99
Gamberetti al cetriolo	101
Curry di gamberetti	103
Curry di gamberi e funghi	104

gamberetto fritto	105
Gamberi impanati fritti	106
Polpette di gamberi in salsa di pomodoro	107
Gamberi e uova strapazzate	109
Involtini imperiali con gamberi	110
gamberetti orientali	112
Gamberetti Foo Yung	114
Gamberetto fritto	115
Gamberi saltati in salsa	117
Gamberi in camicia con prosciutto e tofu	119
Gamberi con salsa di aragosta	120
abalone sott'aceto	122
Germogli di bambù brasati	123
Pollo al cetriolo	124
pollo al sesamo	125
litchi allo zenzero	126
Alette di pollo cotte in rosso	127
Polpa di granchio di cetriolo	128
Funghi marinati	129
Funghi marinati	130
gamberetti e cavolfiore	131
bastoncini di prosciutto al sesamo	132
Tofu freddo	133
Pollo con pancetta	134
Pollo e banane fritte	136
Pollo allo zenzero e funghi	137
pollo e prosciutto	139
Fegato di pollo alla griglia	140
Polpette di granchio di castagne d'acqua	141
somma debole	142
Involtini di pollo e prosciutto	143
Tartellette al prosciutto cotto	145
Pesce pseudo affumicato	146
funghi stufati	148
Funghi con salsa di ostriche	149
Involtini di maiale e insalata	150

Polpette di maiale e castagne 152
Polpette di maiale 153
Torte di maiale e vitello 154
gamberetti farfalla 155
Gamberetti cinesi 156
Nuvole di drago 157
Gamberi croccanti 158
Gamberi con salsa allo zenzero 159
Gamberi e involtini di pasta 160
Toast ai gamberetti 162
Wonton di maiale e gamberi con salsa agrodolce 163
Brodo di pollo 165
Germogli di soia e zuppa di maiale 166
Zuppa di abalone e funghi 167
Zuppa di pollo e asparagi 169
zuppa di carne 170
Zuppa cinese di manzo e foglie 171
Zuppa di cavoli 172
Zuppa di manzo piccante 173
zuppa paradisiaca 175
Zuppa di pollo e germogli di bambù 176
Zuppa di pollo e mais 177
Zuppa di pollo e zenzero 178
Zuppa di pollo con funghi cinesi 179
Zuppa di pollo e riso 180
Zuppa di pollo e cocco 181
zuppa di vongole 182
zuppa di uova 184
Zuppa di granchio e capesante 185
zuppa di granchio 187
Zuppa di pesce 188
Zuppa di pesce e insalata 189
Zuppa di zenzero con gnocchi 191
Zuppa forte e acida 192
Zuppa di funghi 193
Zuppa di funghi e cavoli 194

Zuppa di uova con funghi *195*
Zuppa di funghi e castagne d'acqua *196*
Zuppa di maiale e funghi *197*
Zuppa di maiale e crescione *198*
Zuppa di maiale e cetrioli *199*
Zuppa di polpette di maiale e noodles *200*
Zuppa di spinaci e tofu *201*
Zuppa di mais e granchio *202*
Zuppa di Sichuan *203*
zuppa di tofu *205*
Zuppa di tofu e pesce *206*
Zuppa di pomodoro *207*
Zuppa di pomodoro e spinaci *208*
zuppa di rape *209*
Zuppa di verdure *210*
zuppa vegetariana *211*
zuppa di crescione *212*
Pesce fritto con verdure *213*
Pesce fritto intero *215*
pesce di soia fritto *216*
Pesce di soia con salsa di ostriche *218*
branzino al vapore *220*

carpa in agrodolce

per 4 persone

1 grande carpa o pesce simile
300 g/11 oz/¬œ tazza di farina di mais (amido di mais)
8 once fluide/1 tazza di olio vegetale
30 ml/2 cucchiai di salsa di soia
5 ml/1 cucchiaino di sale
150 g / 5 oz / ¬Ω tazza di zucchero
75 ml/5 cucchiai di aceto di vino
15 ml / 1 cucchiaio di vino di riso o sherry secco
3 erba cipollina (erba cipollina), tritata finemente
1 fetta di radice di zenzero, tritata finemente
250 ml/8 fl oz/1 tazza di acqua bollente

Pulite e sgusciate il pesce e mettetelo a bagno per diverse ore in acqua fredda. Scolare e asciugare, quindi tagliare più volte ciascun lato. Mettere da parte 30 ml/2 cucchiai di maizena e aggiungere gradualmente abbastanza acqua al resto della maizena fino a formare una pasta compatta. Immergere il pesce nella pastella. Scaldate l'olio fino a quando sarà ben caldo e friggete il pesce finché non sarà croccante all'esterno, abbassate la fiamma e continuate a friggere finché il pesce non sarà tenero. Nel frattempo, sbatti insieme l'amido di mais rimanente, la salsa di soia, il sale, lo zucchero, l'aceto di vino,

vino o sherry, erba cipollina e zenzero. Quando il pesce sarà cotto trasferitelo su un piatto caldo. Aggiungere la salsa e il composto di acqua all'olio e cuocere a fuoco lento, mescolando bene, finché la salsa non si sarà addensata. Versare sul pesce e servire subito.

Carpa con tofu

per 4 persone

1 carpa

60 ml/4 cucchiai di olio di arachidi

8 once/225 g di tofu, tagliato a dadini

2 cipolline (erba cipollina), tritate finemente

1 spicchio d'aglio, tritato finemente

2 fette di radice di zenzero, tritate finemente

15 ml/1 cucchiaio di salsa di peperoncino

30 ml/2 cucchiai di salsa di soia

500 ml/16 oz/2 tazze di brodo

30 ml/2 cucchiai di vino di riso o sherry secco

15 ml/1 cucchiaio di amido di mais (amido di mais)

30 ml/2 cucchiai di acqua

Tagliare, squamare e pulire il pesce e tracciare 3 linee diagonali su ciascun lato. Scaldare l'olio e friggere delicatamente il tofu fino a doratura. Togliere dalla padella e scolare bene. Aggiungere il pesce nella padella e cuocerlo fino a doratura, quindi toglierlo dalla padella. Versare tutto tranne 15 ml/1 cucchiaio di olio e rosolare il cipollotto, l'aglio e lo zenzero per 30 secondi. Aggiungere la salsa di peperoncino, la salsa di soia, il brodo e il vino e portare a ebollizione. Aggiungere con attenzione il pesce nella padella

il tofu e fate cuocere senza coperchio per circa 10 minuti finché il pesce sarà cotto e la salsa si sarà ridotta. Trasferire il pesce su un piatto riscaldato e guarnire con il tofu. Mescolare l'amido di mais e l'acqua fino a formare una pasta, unirla alla salsa e cuocere, mescolando, finché la salsa non si sarà leggermente addensata. Versare sul pesce e servire subito.

Involtini di pesce alle mandorle

per 4 persone

100 g/4 once/1 tazza di mandorle

Filetti di merluzzo da 450 g / 1 libbra

4 fette di prosciutto affumicato

1 erba cipollina (cipolla verde), tritata

1 fetta di radice di zenzero tritata

5 ml/1 cucchiaino di amido di mais (amido di mais)

5 ml/1 cucchiaino di zucchero

2,5 ml/¬Ω cc sale

15 ml/1 cucchiaio di salsa di soia

15 ml / 1 cucchiaio di vino di riso o sherry secco

1 uovo, leggermente sbattuto

olio per friggere

1 limone, tagliato a fette

Scottare le mandorle in acqua bollente per 5 minuti, scolarle e tritarle. Tagliare il pesce in quadrati di 9 cm/3 Ω e il prosciutto in quadrati di 5 cm/2. Mescolare erba cipollina, zenzero, amido di mais, zucchero, sale, salsa di soia, vino o sherry e uova. Immergere il pesce nel composto e adagiarlo su un piano di lavoro. Completare con le mandorle e adagiarvi sopra una fetta di prosciutto. Avvolgere il pesce e legarlo

per la cottura, Scaldare l'olio e friggere gli involtini di pesce per qualche minuto fino a doratura. Scolare su carta assorbente e servire con il limone.

Merluzzo con germogli di bambù

per 4 persone

4 funghi cinesi secchi
900 g / 2 lb di filetti di merluzzo, tagliati a cubetti
30 ml/2 cucchiai di amido di mais (amido di mais)
olio per friggere
30 ml/2 cucchiai di olio di arachidi
1 erba cipollina (cipolla verde), affettata
1 fetta di radice di zenzero tritata
sale
100 g di germogli di bambù, affettati
120 ml/4 fl oz/¬Ω tazza di brodo di pesce
15 ml/1 cucchiaio di salsa di soia
45 ml/3 cucchiai di acqua

Mettere a bagno i funghi in acqua tiepida per 30 minuti e poi scolarli. Eliminare i gambi e tagliare le sommità. Cospargerne la metà sul pesce

Farina di mais. Scaldare l'olio e friggere il pesce fino a doratura. Scolare su carta assorbente e tenere al caldo.

Nel frattempo scaldare l'olio d'oliva e friggere l'erba cipollina, lo zenzero e il sale fino a doratura. Aggiungere i germogli di bambù e rosolare per 3 minuti. Aggiungere il brodo e la salsa di soia, portare a ebollizione e cuocere per 3 minuti. Mescolare il resto della pasta di amido di mais con l'acqua, aggiungerla nella padella e cuocere, mescolando, finché la salsa non si sarà addensata. Versare sul pesce e servire subito.

Pesce con germogli di soia

per 4 persone

450 g di germogli di soia

45 ml/3 cucchiai di olio di arachidi

5 ml/1 cucchiaino di sale

3 fette di radice di zenzero tritata

Filetti di pesce da 450 g/1 libbra, affettati

4 scalogni (scalogno), affettati

15 ml/1 cucchiaio di salsa di soia

60 ml/4 cucchiai di brodo di pesce

10 ml/2 cucchiaini di amido di mais (amido di mais)

15 ml/1 cucchiaio di acqua

Scottare i germogli di soia in acqua bollente per 4 minuti e scolarli bene. Scaldare metà dell'olio e rosolare il sale e lo zenzero per 1 minuto. Aggiungete il pesce e fatelo rosolare leggermente, quindi toglietelo dalla padella. Scaldare il resto dell'olio d'oliva e far rosolare il cipollotto per 1 minuto. Aggiungere la salsa di soia e il brodo e portare a ebollizione. Rimettere il pesce nella padella, coprire e cuocere per 2 minuti finché il pesce non sarà cotto. Unisci l'amido di mais e l'acqua per formare una pasta, mescola in una padella e cuoci, mescolando, finché la salsa non si schiarisce e si addensa.

Filetti di pesce in salsa marrone

per 4 persone

Filetti di merluzzo da 450 g/1 libbra, affettati spessi
30 ml/2 cucchiai di vino di riso o sherry secco
30 ml/2 cucchiai di salsa di soia
3 erba cipollina (erba cipollina), tritata finemente
1 fetta di radice di zenzero, tritata finemente
5 ml/1 cucchiaino di sale
5 ml/1 cucchiaino di olio di sesamo
30 ml/2 cucchiai di amido di mais (amido di mais)
3 uova sbattute
90 ml/6 cucchiai di olio di arachidi
90 ml/6 cucchiai di brodo di pesce

Mettete i filetti di pesce in una ciotola. Mescolare vino o sherry, salsa di soia, erba cipollina, zenzero, sale e olio di sesamo, versare sul pesce, coprire e marinare per 30 minuti. Togliere il pesce dalla marinata e mescolarlo con l'amido di mais e poi immergerlo nell'uovo sbattuto. Scaldare l'olio e friggere il pesce finché non sarà dorato all'esterno. Versare l'olio e incorporare il brodo e l'eventuale marinata rimasta.

Portare a ebollizione e cuocere a fuoco basso per circa 5 minuti, fino a quando il pesce sarà cotto.

Torte di pesce cinesi

per 4 persone

450 g/1 libbra di merluzzo tritato (macinato)
2 cipolline (erba cipollina), tritate finemente
1 spicchio d'aglio, schiacciato
5 ml/1 cucchiaino di sale
5 ml/1 cucchiaino di zucchero
5 ml/1 cucchiaino di salsa di soia
45 ml/3 cucchiai di olio vegetale
15 ml/1 cucchiaio di amido di mais (amido di mais)

Mescolare il merluzzo, l'erba cipollina, l'aglio, il sale, lo zucchero, la salsa di soia e 10 ml/2 cucchiaini di olio. Impastate bene, spolverando di tanto in tanto un po' di amido di mais, fino ad ottenere un composto morbido ed elastico. Formate 4 tortini di pesce. Scaldare l'olio e friggere le polpette di pesce per ca. 10 minuti finché non saranno dorate, appiattitele durante la cottura. Servire caldo o freddo.

Pesce fritto croccante

per 4 persone

450 g di filetti di pesce, tagliati a listarelle
30 ml/2 cucchiai di vino di riso o sherry secco
sale e pepe macinato fresco
45 ml / 3 cucchiai di farina di mais (amido di mais)
1 albume d'uovo, leggermente sbattuto
olio per friggere

Metti il pesce nel vino o nello sherry e condisci con sale e pepe. Spolverare leggermente con amido di mais. Sbattere a neve ferma il resto della farina di mais con gli albumi, quindi immergere il pesce nella pastella. Scaldare l'olio e friggere le strisce di pesce per qualche minuto finché non saranno dorate.

Merluzzo fritto

per 4 persone

900 g / 2 lb di filetti di merluzzo, tagliati a cubetti
sale e pepe macinato fresco
2 uova, sbattute
100 g/4 oz/1 tazza di farina semplice (per tutti gli usi)
olio per friggere
1 limone, tagliato a fette

Condire il merluzzo con sale e pepe. Sbattere le uova e la farina finché non diventa una pasta e aggiustare di sale. Immergere il pesce nella pastella. Scaldare l'olio e friggere il pesce per qualche minuto finché non sarà dorato e ben cotto. Scolare su carta assorbente e servire con spicchi di limone.

cinque pesci speziati

per 4 persone

4 filetti di merluzzo

5 ml/1 cucchiaino di polvere di cinque spezie

5 ml/1 cucchiaino di sale

30 ml/2 cucchiai di olio di arachidi

2 spicchi d'aglio, schiacciati

2,5 ml/1 radice di zenzero tritata

30 ml/2 cucchiai di vino di riso o sherry secco

15 ml/1 cucchiaio di salsa di soia

qualche goccia di olio di sesamo

Strofina il pesce con polvere di cinque spezie e sale. Scaldare l'olio e friggere il pesce finché non sarà leggermente dorato su entrambi i lati. Togliere dalla padella e aggiungere gli ingredienti rimanenti. Riscaldare mescolando, rimettere il pesce nella padella e riscaldare delicatamente prima di servire.

Bastoncini da pesca profumati

per 4 persone

30 ml/2 cucchiai di vino di riso o sherry secco
1 erba cipollina (cipolla verde), tritata finemente
2 uova, sbattute
10 ml/2 cucchiaini di curry in polvere
5 ml/1 cucchiaino di sale
450 g di filetti di pesce bianco, tagliati a listarelle
100 g di pangrattato
olio per friggere

Mescolare vino o sherry, erba cipollina, uova, curry in polvere e sale. Immergere il pesce nel composto in modo che i pezzi siano ben ricoperti e passarli nel pangrattato. Scaldate l'olio e friggete il pesce per qualche minuto finché non sarà croccante e dorato. Scolare bene e servire subito.

Pesce con sottaceti

per 4 persone

4 filetti di pesce bianco

75 g / 3 oz sottaceti piccoli

2 cipolline (cipolle verdi)

2 fette di radice di zenzero

30 ml/2 cucchiai di acqua

5 ml/1 cucchiaino di olio di arachidi

2,5 ml/¬Ω cc sale

2,5 ml/¬Ω cc di vino di riso o sherry secco

Disporre il pesce su un piatto resistente al calore e cospargerlo con gli altri ingredienti. Disporre su una griglia nella vaporiera, coprire e cuocere per circa 15 minuti in acqua bollente fino a quando il pesce sarà tenero. Trasferire su un piatto da portata riscaldato, aggiungere lo zenzero e il cipollotto e servire.

Zenzero piccante cod

per 4 persone

225 g/8 once di passata di pomodoro (pasta)
30 ml/2 cucchiai di vino di riso o sherry secco
15 ml / 1 cucchiaio di radice di zenzero grattugiata
15 ml/1 cucchiaio di salsa di peperoncino
15 ml/1 cucchiaio di acqua
15 ml/1 cucchiaio di salsa di soia
10 ml/2 cucchiaini di zucchero
3 spicchi d'aglio, schiacciati
100 g/4 oz/1 tazza di farina semplice (per tutti gli usi)
75 ml/5 cucchiai di farina di mais (amido di mais)
6 fl oz/¬œ tazza d'acqua
1 albume d'uovo
2,5 ml/¬Ω cc sale
olio per friggere
Filetti di merluzzo da 450 g/1 libbra, senza pelle e tagliati a cubetti

Per preparare la salsa unire passata di pomodoro, vino o sherry, zenzero, salsa di peperoncino, acqua, salsa di soia, zucchero e aglio. Portare a ebollizione e cuocere, mescolando, per 4 minuti.

Mescolare la farina, l'amido di mais, l'acqua, l'albume e il sale fino ad ottenere un composto omogeneo. Riscaldare l'olio. Immergere i pezzi di pesce nella pastella e friggerli per circa 5 minuti finché saranno cotti e dorati. Pulisci con carta assorbente. Versare tutto l'olio e rimettere il pesce e la salsa nella padella. Scaldare dolcemente per circa 3 minuti finché il pesce non sarà completamente coperto dalla salsa.

Merluzzo con salsa al mandarino

per 4 persone

Filetti di merluzzo da 675 g/1¬Ω lb, tagliati a listarelle

30 ml/2 cucchiai di amido di mais (amido di mais)

60 ml/4 cucchiai di olio di arachidi

1 erba cipollina (cipolla verde), tritata

2 spicchi d'aglio, schiacciati

1 fetta di radice di zenzero tritata

100 g di funghi, affettati

50 g di germogli di bambù, tagliati a strisce

120 ml/4 fl oz/¬Ω tazza di salsa di soia

30 ml/2 cucchiai di vino di riso o sherry secco

15 ml / 1 cucchiaio di zucchero di canna

5 ml/1 cucchiaino di sale

250 ml/8 oz/1 tazza di brodo di pollo

Immergere il pesce nell'amido di mais fino a ricoprirlo leggermente. Scaldare l'olio e friggere il pesce finché non sarà dorato su entrambi i lati. Toglietelo dalla padella. Aggiungere gli scalogni, l'aglio e lo zenzero e rosolare fino a quando saranno leggermente dorati. Aggiungere i funghi e i germogli di bambù e rosolare per 2 minuti. Aggiungere il resto degli ingredienti e portare ad ebollizione

portare a ebollizione mescolando. Rimettete il pesce nella padella, coprite e fate cuocere per 20 minuti.

pesce all'ananas

per 4 persone

450 g di filetti di pesce

2 erba cipollina (erba cipollina), tritata

30 ml/2 cucchiai di salsa di soia

15 ml / 1 cucchiaio di vino di riso o sherry secco

2,5 ml/¬Ω cc sale

2 uova, leggermente sbattute

15 ml/1 cucchiaio di amido di mais (amido di mais)

45 ml/3 cucchiai di olio di arachidi

225 g / 8 oz di pezzi di ananas in scatola nel succo

Tagliare il pesce a strisce da 1 pollice contro la grana e metterlo in una ciotola. Aggiungere i cipollotti, la salsa di soia, il vino o lo sherry e il sale, mescolare bene e lasciare agire per 30 minuti. Scolare il pesce, eliminare la marinata. Sbattere le uova e l'amido di mais fino a ottenere una pasta e immergere il pesce nella pastella per ricoprirlo, scolando eventuali eccessi. Scaldare l'olio e friggere il pesce finché non sarà leggermente dorato su entrambi i lati. Ridurre il fuoco e continuare a cuocere finché sono teneri. Nel frattempo, mescolare 60 ml/4 cucchiai di succo d'ananas con la pasta rimanente e i pezzetti di ananas. Mettetela in una padella a fuoco basso e fatela cuocere fino a completa cottura, mescolando continuamente. Organizzare

Cuocere il pesce su un piatto caldo e versarvi sopra la salsa per servire.

Involtini di pesce con carne di maiale

per 4 persone

450 g di filetti di pesce

100 g/4 once di maiale cotto, macinato (tritato)

30 ml/2 cucchiai di vino di riso o sherry secco

15 ml/1 cucchiaio di zucchero

olio per friggere

120 ml/4 fl oz/½ tazza di brodo di pesce

3 erba cipollina (erba cipollina), tritata

1 fetta di radice di zenzero tritata

15 ml/1 cucchiaio di salsa di soia

15 ml/1 cucchiaio di amido di mais (amido di mais)

45 ml/3 cucchiai di acqua

Tagliare il pesce in quadrati di 9 cm/3 ½. Mescolare il maiale con il vino o lo sherry e metà dello zucchero, distribuirlo sui quadratini di pesce, arrotolare e legare con lo spago. Scaldare l'olio e friggere il pesce fino a doratura. Pulisci con carta assorbente. Nel frattempo scaldare il brodo e aggiungere lo scalogno, lo zenzero, la salsa di soia e lo zucchero rimasto. Portare a ebollizione e cuocere per 4 minuti. Mescolare l'amido di mais e l'acqua per formare una pasta, mescolare nella padella e portare a ebollizione,

mescolando, finché la salsa non si schiarirà e si addensa. Versare sul pesce e servire subito.

Pesce al vino di riso

per 4 persone

14 fl oz/1 tazza di vino di riso o sherry secco
120 ml/4 fl oz/¬Ω tazza di acqua
30 ml/2 cucchiai di salsa di soia
5 ml/1 cucchiaino di zucchero
sale e pepe macinato fresco
10 ml/2 cucchiaini di amido di mais (amido di mais)
15 ml/1 cucchiaio di acqua
Filetti di merluzzo da 450 g / 1 libbra
5 ml/1 cucchiaino di olio di sesamo
2 erba cipollina (erba cipollina), tritata

Far bollire il vino, l'acqua, la salsa di soia, lo zucchero, il sale e il pepe e lasciar bollire fino alla metà. Mescolare la pasta di mais con l'acqua, versare nella padella e cuocere, mescolando, per 2 minuti. Salare il pesce e cospargere con olio di sesamo. Aggiungere nella padella e cuocere a fuoco basso per circa 8 minuti fino a cottura ultimata. Servire cosparso di erba cipollina.

Pesce fritto

per 4 persone

Filetti di merluzzo da 450 g/1 libbra, tagliati a listarelle

sale

salsa di soia

olio per friggere

Cospargere il pesce con sale e salsa di soia e lasciare agire per 10 minuti. Scaldare l'olio e friggere il pesce per qualche minuto finché non sarà leggermente dorato. Scolare su carta assorbente e cospargere generosamente con salsa di soia prima di servire.

Pesce con semi di sesamo

per 4 persone
450 g di filetti di pesce, tagliati a listarelle
1 cipolla tritata
2 fette di radice di zenzero tritata
4 fl oz/¬Ω tazza di vino di riso o sherry secco
10 ml/2 cucchiaini di zucchero di canna
2,5 ml/¬Ω cc sale
1 uovo, leggermente sbattuto
15 ml/1 cucchiaio di amido di mais (amido di mais)
45 ml/3 cucchiai di farina di frumento (per tutti gli usi)
60 ml/6 cucchiai di semi di sesamo
olio per friggere

Metti il pesce in una ciotola. Mescolare cipolla, zenzero, vino o sherry, zucchero e sale, aggiungere il pesce e lasciarlo marinare per 30 minuti, girando di tanto in tanto. Sbattere le uova, l'amido di mais e la farina fino a formare una pasta. Immergere il pesce nella pastella e premere i semi di sesamo. Scaldare l'olio e friggere le strisce di pesce per circa 1 minuto finché non saranno dorate e croccanti.

Polpette di pesce al vapore

per 4 persone

450 g/1 libbra di merluzzo tritato (macinato)
1 uovo, leggermente sbattuto
1 fetta di radice di zenzero tritata
2,5 ml/¬Ω cc sale
pizzico di pepe appena macinato
15 ml / 1 cucchiaio di amido di mais (amido di mais) 15 ml / 1 cucchiaio di vino di riso o sherry secco

Amalgamare bene tutti gli ingredienti e formare delle palline grandi quanto una noce. Se necessario, cospargere un po' di farina. Disporre in una teglia poco profonda.

Disporre la pirofila su una griglia nella vaporiera, coprire e cuocere in acqua leggermente bollente per circa 10 minuti fino a cottura ultimata.

Pesce marinato in agrodolce

per 4 persone

450 g di filetti di pesce, tagliati a pezzi

1 cipolla tritata

3 fette di radice di zenzero tritata

5 ml/1 cucchiaino di salsa di soia

sale e pepe macinato fresco

30 ml/2 cucchiai di amido di mais (amido di mais)

olio per friggere

Salsa agrodolce

Metti il pesce in una ciotola. Unisci la cipolla, lo zenzero, la salsa di soia, sale e pepe, aggiungi il pesce, copri e lascia riposare per 1 ora, girando di tanto in tanto. Togliere il pesce dalla marinata e cospargerlo con l'amido di mais. Scaldare l'olio e friggere il pesce finché non sarà croccante e dorato. Scolatele su carta assorbente e disponetele su un piatto da portata caldo. Nel frattempo preparate la salsa e versatela sul pesce per servire.

Pesce con salsa vinaigrette

per 4 persone

450 g di filetti di pesce, tagliati a listarelle
sale e pepe macinato fresco
1 albume d'uovo, leggermente sbattuto
45 ml / 3 cucchiai di farina di mais (amido di mais)
15 ml / 1 cucchiaio di vino di riso o sherry secco
olio per friggere
250 ml/8 once/1 tazza di brodo di pesce
15 ml / 1 cucchiaio di zucchero di canna
15 ml/1 cucchiaio di aceto di vino
2 fette di radice di zenzero tritata
2 erba cipollina (erba cipollina), tritata

Condire il pesce con un po' di sale e pepe. Sbattere gli albumi con 2 cucchiai/30 ml di amido di mais e vino o sherry. Immergere il pesce nella pastella fino a ricoprirlo. Scaldare l'olio e friggere il pesce per qualche minuto fino a doratura. Pulisci con carta assorbente.

Nel frattempo fate bollire il brodo, lo zucchero e l'aceto di vino. Aggiungere lo zenzero e la cipolla e cuocere per 3 minuti. Mescolare il resto dell'amido di mais in una pasta con un po' d'acqua, mescolare

in una padella e cuocere, mescolando, finché la salsa non si schiarisce e si addensa. Versare sul pesce e servire.

anguilla fritta

per 4 persone

Anguilla da 450 g/1 libbra
250 ml / 8 fl oz / 1 tazza di olio di arachidi
30 ml/2 cucchiai di salsa di soia scura
30 ml/2 cucchiai di vino di riso o sherry secco
15 ml / 1 cucchiaio di zucchero di canna
filo di olio di sesamo

Sbucciare l'anguilla e tagliarla a pezzi. Scaldare l'olio e friggere l'anguilla fino a doratura. Togliere dalla padella e scolare. Versare tutto tranne 30 ml/2 cucchiai di olio. Scaldare l'olio e aggiungere salsa di soia, vino o sherry e zucchero. Scaldare, aggiungere l'anguilla e farla rosolare fino a quando l'anguilla sarà ben ricoperta e la maggior parte del liquido sarà evaporata. Versare sopra l'olio di sesamo e servire.

Anguilla bollita a secco

per 4 persone

5 funghi cinesi secchi

3 cipolline (cipolle verdi)

30 ml/2 cucchiai di olio di arachidi

20 spicchi d'aglio

6 fette di radice di zenzero

10 castagne d'acqua

Anguilla da 900 g/2 libbre

30 ml/2 cucchiai di salsa di soia

15 ml / 1 cucchiaio di zucchero di canna

15 ml / 1 cucchiaio di vino di riso o sherry secco

450 ml/¬œ pt/2 tazze di acqua

15 ml/1 cucchiaio di amido di mais (amido di mais)

45 ml/3 cucchiai di acqua

5 ml/1 cucchiaino di olio di sesamo

Mettere a bagno i funghi in acqua tiepida per 30 minuti, quindi scolarli ed eliminare il gambo. Tagliare 1 erba cipollina a pezzetti e tritare l'altra. Scaldare l'olio d'oliva e rosolare i funghi, l'erba cipollina, l'aglio, lo zenzero e le castagne per 30 secondi. Aggiungere le anguille e friggerle per 1 minuto. Aggiungere salsa di soia, zucchero, vino, ecc

di sherry e acqua, portare ad ebollizione, coprire e cuocere a fuoco lento per 1 Ω ora, aggiungendo un po' d'acqua durante l'ebollizione se necessario. Mescolare la farina di mais e l'acqua fino a formare una pasta, unirla in una padella e cuocere, mescolando, finché la salsa non si sarà addensata. Servire condito con olio di sesamo ed erba cipollina tritata.

Anguilla con sedano

per 4 persone

Anguilla da 350 g/12 once

6 gambi di sedano

30 ml/2 cucchiai di olio di arachidi

2 erba cipollina (erba cipollina), tritata

1 fetta di radice di zenzero tritata

30 ml/2 cucchiai di acqua

5 ml/1 cucchiaino di zucchero

5 ml/1 cucchiaino di vino di riso o sherry secco

5 ml/1 cucchiaino di salsa di soia

pepe appena macinato

30 ml/2 cucchiai di prezzemolo fresco tritato

Sbucciare e tagliare l'anguilla a listarelle. Tagliare il sedano a listarelle. Scaldare l'olio d'oliva e rosolare l'erba cipollina e lo zenzero per 30 secondi. Aggiungere l'anguilla e friggere per 30 secondi. Aggiungere il sedano e far rosolare per 30 secondi. Aggiungere metà dell'acqua, dello zucchero, del vino o dello sherry, della salsa di soia e del pepe. Portare a ebollizione e cuocere per qualche minuto finché il sedano sarà tenero ma ancora croccante e il liquido si sarà ridotto. Servire cosparso di prezzemolo.

Peperoni ripieni di eglefino

per 4 persone

225 g di filetti di eglefino tritati (tritati)

100 g di gamberi sgusciati, tritati (macinati)

1 erba cipollina (cipolla verde), tritata

2,5 ml/¬Ω cc sale

pepe

4 peperoni verdi

45 ml/3 cucchiai di olio di arachidi

120 ml/4 fl oz/¬Ω tazza di brodo di pollo

10 ml/2 cucchiaini di amido di mais (amido di mais)

5 ml/1 cucchiaino di salsa di soia

Mescolare l'eglefino, i gamberi, l'erba cipollina, il sale e il pepe. Tagliare il gambo dei peperoni ed eliminare il centro. Farcite i peperoni con il composto di frutti di mare, scaldate l'olio e aggiungete i peperoni e il brodo. Portar a ebollizione, coprire e cuocere per 15 minuti. Trasferisci i peperoni in un piatto da portata riscaldato. Mescolare l'amido di mais, la salsa di soia e un po' d'acqua e incorporarli nella pentola. Portare a ebollizione e cuocere, mescolando, finché la salsa non si schiarirà e si sarà addensata.

Eglefino con salsa di fagioli neri

per 4 persone
15 ml/1 cucchiaio di olio di arachidi
2 spicchi d'aglio, schiacciati
1 fetta di radice di zenzero tritata
15 ml / 1 cucchiaio di salsa di fagioli neri
2 cipolle, tagliate in quarti
1 sedano rapa, affettato
Filetto di eglefino da 450 g/1 libbra
15 ml/1 cucchiaio di salsa di soia
15 ml / 1 cucchiaio di vino di riso o sherry secco
250 ml/8 oz/1 tazza di brodo di pollo

Scaldare l'olio d'oliva e rosolare l'aglio, lo zenzero e la salsa di fagioli neri fino a quando saranno leggermente dorati. Aggiungere la cipolla e il sedano e soffriggere per 2 minuti. Aggiungere l'eglefino e friggerlo per circa 4 minuti su ciascun lato o fino a quando il pesce sarà cotto. Aggiungere la salsa di soia, il vino o lo sherry e il brodo di pollo, portare a ebollizione, coprire e cuocere a fuoco lento per 3 minuti.

Pesce in salsa marrone

per 4 persone

4 eglefini o pesci simili
45 ml/3 cucchiai di olio di arachidi
2 erba cipollina (erba cipollina), tritata
2 fette di radice di zenzero tritata
5 ml/1 cucchiaino di salsa di soia
2,5 ml/¬Ω cc aceto di vino
2,5 ml/¬Ω cc di vino di riso o sherry secco
2,5 ml/¬Ω c.zucchero
pepe appena macinato
2,5 ml/¬Ω c.olio di sesamo

Sbucciare il pesce e tagliarlo a pezzi grandi. Scaldare l'olio d'oliva e rosolare l'erba cipollina e lo zenzero per 30 secondi. Aggiungere il pesce e cuocerlo leggermente su entrambi i lati. Aggiungere la salsa di soia, l'aceto di vino, il vino o lo sherry, lo zucchero e il pepe e cuocere per 5 minuti finché la salsa non si sarà addensata. Servire condito con olio di sesamo.

cinque pesci speziati

per 4 persone

Filetto di eglefino da 450 g/1 libbra

5 ml/1 cucchiaino di polvere di cinque spezie

5 ml/1 cucchiaino di sale

30 ml/2 cucchiai di olio di arachidi

2 spicchi d'aglio, schiacciati

2 fette di radice di zenzero tritata

30 ml/2 cucchiai di vino di riso o sherry secco

15 ml/1 cucchiaio di salsa di soia

10 ml/2 cucchiaini di olio di sesamo

Strofinare i filetti di eglefino con la polvere di cinque spezie e il sale. Scaldare l'olio e friggere il pesce fino a doratura su entrambi i lati, quindi toglierlo dalla padella. Aggiungere l'aglio, lo zenzero, il vino o lo sherry, la salsa di soia e l'olio di sesamo e friggere per 1 minuto. Riportare il pesce nella padella e cuocere lentamente finché il pesce non sarà tenero.

Pianta d'appartamento all'aglio

per 4 persone

Filetto di eglefino da 450 g/1 libbra

5 ml/1 cucchiaino di sale

30 ml/2 cucchiai di amido di mais (amido di mais)

60 ml/4 cucchiai di olio di arachidi

6 spicchi d'aglio

2 fette di radice di zenzero, schiacciata

45 ml/3 cucchiai di acqua

30 ml/2 cucchiai di salsa di soia

15 ml/1 cucchiaio di salsa di fagioli gialli

15 ml / 1 cucchiaio di vino di riso o sherry secco

15 ml / 1 cucchiaio di zucchero di canna

Cospargere l'eglefino con sale e cospargere con amido di mais. Scaldare l'olio e friggere il pesce finché non sarà dorato su entrambi i lati, quindi toglierlo dalla padella. Aggiungere l'aglio e lo zenzero e soffriggere per 1 minuto. Aggiungere il resto degli ingredienti, portare ad ebollizione, coprire e cuocere per 5 minuti. Riporta il pesce nella pentola, copri e cuoci finché diventa tenero.

pesce piccante

per 4 persone

450 g di filetto di eglefino, tagliato a dadini

1 succo di limone

30 ml/2 cucchiai di salsa di soia

30 ml/2 cucchiai di salsa di ostriche

15 ml/1 cucchiaio di scorza di limone

pizzico di zenzero in polvere

sale e pepe

2 albumi

45 ml / 3 cucchiai di farina di mais (amido di mais)

6 funghi cinesi secchi

olio per friggere

5 cipollotti (scalogno), tagliati a strisce

1 gambo di sedano, tagliato a listarelle

100 g di germogli di bambù, tagliati a strisce

250 ml/8 oz/1 tazza di brodo di pollo

5 ml/1 cucchiaino di polvere di cinque spezie

Mettete il pesce in una ciotola e irroratelo con il succo di limone. Mescolare salsa di soia, salsa di ostriche, scorza di limone, zenzero, sale, pepe, albumi e tutto tranne 1 cucchiaino/5 ml di amido di mais. Lasciare

marinare per 2 ore, mescolando di tanto in tanto. Mettere a bagno i funghi in acqua tiepida per 30 minuti e poi scolarli. Eliminare i gambi e tagliare le sommità. Scaldare l'olio e friggere il pesce per qualche minuto fino a doratura. Togliere dalla padella. Aggiungere le verdure e cuocere fino a quando saranno morbide ma ancora croccanti. Versare l'olio. Mescolare il brodo di pollo con l'amido di mais rimasto, aggiungere le verdure e portare a ebollizione. Riporta il pesce nella padella, condisci con la polvere di cinque spezie e riscalda prima di servire.

Eglefino allo zenzero con Pak Soi

per 4 persone

Filetto di eglefino da 450 g/1 libbra

sale e pepe

Confezione automatica da 225 g/8 once

30 ml/2 cucchiai di olio di arachidi

1 fetta di radice di zenzero tritata

1 cipolla tritata

2 peperoncini rossi secchi

5 ml/1 cucchiaino di miele

10 ml/2 cucchiaini di ketchup

10 ml/2 cucchiaini di aceto di malto

30 ml/2 cucchiai di vino bianco secco

10 ml/2 cucchiaini di salsa di soia

10 ml/2 cucchiaini di salsa di pesce

10 ml/2 cucchiaini di salsa di ostriche

5 ml/1 cucchiaino di pasta di gamberetti

Sbucciare l'eglefino e tagliarlo a pezzi di 2 cm/¬æ. Cospargere di sale e pepe. Tagliare il cavolo cappuccio a pezzetti. Scaldare l'olio e far rosolare lo zenzero e la cipolla per 1 minuto.

Aggiungere cavolo e pepe e friggere per 30 secondi. Aggiungi miele, pomodoro

ketchup, aceto e vino. Aggiungere l'eglefino e cuocere per 2 minuti. Mescolare la salsa di soia, pesce e ostriche e la pasta di gamberetti e cuocere a fuoco lento fino a quando l'eglefino sarà cotto.

Trecce domestiche

per 4 persone

Filetto di eglefino senza pelle da 450 g/1 libbra

sale

5 ml/1 cucchiaino di polvere di cinque spezie

succo di 2 limoni

5 ml/1 cucchiaino di semi di anice macinato

5 ml/1 cucchiaino di pepe macinato fresco

30 ml/2 cucchiai di salsa di soia

30 ml/2 cucchiai di salsa di ostriche

15 ml/1 cucchiaio di miele

60 ml/4 cucchiai di erba cipollina tritata

8.Äì10 foglie di spinaci

45 ml/3 cucchiai di aceto di vino

Tagliare il pesce a strisce lunghe e sottili e formare delle stuoie, cospargerle con sale, polvere di cinque spezie e succo di limone e trasferirle in una ciotola. Mescolare anice, pepe, salsa di soia, salsa di ostriche, miele ed erba cipollina, versare sul pesce e lasciare marinare per almeno 30 minuti. Foderare il cestello per la cottura a vapore con le foglie di spinaci, adagiarvi sopra i tappetini, coprire e cuocere a vapore in acqua leggermente bollente con aceto per circa 25 minuti.

Involtini di pesce al vapore

per 4 persone

450 g di filetti di eglefino, senza pelle e tagliati a cubetti

1 succo di limone

30 ml/2 cucchiai di salsa di soia

30 ml/2 cucchiai di salsa di ostriche

30 ml/2 cucchiai di salsa di prugne

5 ml/1 cucchiaino di vino di riso o sherry secco

sale e pepe

6 funghi cinesi secchi

100 g di germogli di soia

100 g di piselli verdi

2 once/¬Ω tazza/50 g di noci tritate

1 uovo sbattuto

30 ml/2 cucchiai di amido di mais (amido di mais)

225 g di cavolo cinese sbollentato

Metti il pesce in una ciotola. Unisci succo di limone, salsa di soia, ostriche e prugne, vino o sherry, sale e pepe. Versare sul pesce e lasciarlo marinare per 30 minuti. Aggiungere le verdure, le noci, l'uovo e l'amido di mais e mescolare bene. Metti 3 foglie cinesi una sopra l'altra e cospargile con un po' del composto di pesce

e scorrere. Proseguire fino ad esaurimento di tutti gli ingredienti. Disporre gli involtini in un cestello per la cottura a vapore, coprire e cuocere a fuoco basso per 30 minuti.

Halibut in salsa di pomodoro

per 4 persone

Filetti di ippoglosso da 450 g/1 libbra

sale

15 ml / 1 cucchiaio di salsa di fagioli neri

1 spicchio d'aglio, schiacciato

2 erba cipollina (erba cipollina), tritata

2 fette di radice di zenzero tritata

15 ml / 1 cucchiaio di vino di riso o sherry secco

15 ml/1 cucchiaio di salsa di soia

200 g di pomodori in scatola, scolati

30 ml/2 cucchiai di olio di arachidi

Cospargere generosamente l'ippoglosso con sale e lasciarlo riposare per 1 ora. Sciacquare dal sale e asciugare. Mettere il pesce in una ciotola resistente al calore e irrorarlo con salsa di fagioli neri, aglio, cipolla, zenzero, vino o sherry, salsa di soia e pomodori. Mettete la ciotola su una griglia nella vaporiera, coprite e fate cuocere per 20 minuti in acqua bollente fino a quando il pesce sarà cotto. Scaldare l'olio finché non fa quasi fumo e cospargerlo sul pesce prima di servire.

Rana pescatrice con broccoli

per 4 persone

450 g di spigola, tagliata a cubetti

sale e pepe

45 ml/3 cucchiai di olio di arachidi

2 once/50 g di funghi, affettati

1 carota piccola, tagliata a listarelle

1 spicchio d'aglio, schiacciato

2 fette di radice di zenzero tritata

45 ml/3 cucchiai di acqua

275 g/10 once di cimette di broccoli

5 ml/1 cucchiaino di zucchero

5 ml/1 cucchiaino di amido di mais (amido di mais)

45 ml/3 cucchiai di acqua

Condire bene la rana pescatrice con sale e pepe. Scaldare 30 ml/2 cucchiai di olio e friggere la rana pescatrice, i funghi, la carota, l'aglio e lo zenzero finché non saranno leggermente dorati. Aggiungete l'acqua e continuate a cuocere a fuoco basso, senza coperchio. Nel frattempo sbollentiamo i broccoli in acqua bollente fino a quando saranno teneri e ben scolati. Scaldare l'olio rimanente e condire i broccoli con lo zucchero e un pizzico di sale finché i broccoli non saranno ben ricoperti dall'olio. Organizzare intorno a

piatto da portata. Mescolare l'amido di mais e l'acqua fino a ottenere una pasta, unirla al pesce e cuocere, mescolando, finché la salsa non si sarà addensata. Versare sui broccoli e servire subito.

Triglie in salsa di soia densa

per 4 persone

1 triglia

olio per friggere

30 ml/2 cucchiai di olio di arachidi

2 scalogni (scalogno), affettati

2 fette di radice di zenzero, grattugiata

1 peperone rosso, grattugiato

250 ml/8 once/1 tazza di brodo di pesce

15 ml/1 cucchiaio di salsa di soia densa

15 ml/1 cucchiaio di bianco appena macinato

pepe

15 ml / 1 cucchiaio di vino di riso o sherry secco

Tagliate il pesce e affettatelo in diagonale su ciascun lato. Scaldare l'olio e friggere il pesce fino a metà cottura. Togliere dall'olio e scolare bene. Scaldare l'olio e far rosolare l'erba cipollina, lo zenzero e il pepe per 1 minuto. Aggiungete il resto degli ingredienti, mescolate bene e portate a bollore. Aggiungete il pesce e fate cuocere lentamente, senza coperchio, fino a quando il pesce sarà completamente cotto e il liquido sarà quasi evaporato.

Pesce del mare occidentale

per 4 persone

1 triglia
30 ml/2 cucchiai di olio di arachidi
4 erba cipollina (erba cipollina), tritata
1 peperone rosso, tritato
4 fette di radice di zenzero, grattugiata
45 ml/3 cucchiai di zucchero di canna
30 ml/2 cucchiai di aceto di vino rosso
30 ml/2 cucchiai di acqua
30 ml/2 cucchiai di salsa di soia
pepe appena macinato

Pulite e tagliate il pesce e fate 2 o 3 tagli diagonali su ciascun lato. Scaldare l'olio d'oliva e soffriggere metà del cipollotto, del peperoncino e dello zenzero per 30 secondi. Aggiungere il pesce e cuocerlo leggermente su entrambi i lati. Aggiungete lo zucchero, l'aceto di vino, l'acqua, la salsa di soia e il pepe, portate ad ebollizione, coprite e lasciate cuocere per circa 20 minuti fino a quando il pesce sarà cotto e la salsa si sarà ridotta. Servire guarnito con l'erba cipollina rimasta.

passera fritta

per 4 persone

4 filetti di sogliola

sale e pepe macinato fresco

30 ml/2 cucchiai di olio di arachidi

1 fetta di radice di zenzero tritata

1 spicchio d'aglio, schiacciato

foglie di insalata

Condire generosamente la sogliola con sale e pepe. Scaldare l'olio d'oliva e rosolare lo zenzero e l'aglio per 20 secondi. Aggiungere il pesce e friggerlo fino a cottura ultimata e dorato. Scolatele bene e servitele su un letto di insalata.

Passera al vapore con funghi cinesi

per 4 persone

4 funghi cinesi secchi

450 g di filetti di platessa, tagliati a cubetti

1 spicchio d'aglio, schiacciato

1 fetta di radice di zenzero tritata

15 ml/1 cucchiaio di salsa di soia

15 ml / 1 cucchiaio di vino di riso o sherry secco

5 ml/1 cucchiaino di zucchero di canna

350 g di riso a grani lunghi cotto

Mettere a bagno i funghi in acqua tiepida per 30 minuti e poi scolarli. Eliminare i gambi e tritare le cime. Mescolare con platessa, aglio, zenzero, salsa di soia, vino o sherry e zucchero, coprire e marinare per 1 ora. Mettete il riso nella vaporiera e adagiatevi sopra il pesce. Cuocere a vapore per circa 30 minuti fino a quando il pesce sarà cotto.

sogliola all'aglio

per 4 persone

Filetti di platessa da 350 g

sale

45 ml / 3 cucchiai di farina di mais (amido di mais)

1 uovo sbattuto

60 ml/4 cucchiai di olio di arachidi

3 spicchi d'aglio, tritati

4 erba cipollina (erba cipollina), tritata

15 ml / 1 cucchiaio di vino di riso o sherry secco

5 ml/1 cucchiaino di olio di sesamo

Sbucciare la platessa e tagliarla a listarelle. Salare e lasciare riposare per 20 minuti. Cospargete il pesce con amido di mais e immergetelo nell'uovo. Scaldare l'olio e friggere le strisce di pesce per circa 4 minuti fino a doratura. Togliere dalla padella e scolare su carta assorbente. Togliere dalla padella tutto l'olio tranne 1 cucchiaino/5 ml e aggiungere gli ingredienti rimanenti. Portare a ebollizione mescolando e cuocere per 3 minuti. Versare sul pesce e servire subito.

Flounder con salsa di ananas

per 4 persone

Filetti di platessa da 450 g/1 libbra
5 ml/1 cucchiaino di sale
30 ml/2 cucchiai di salsa di soia
Pezzi di ananas in scatola da 200 g / 7 oz
2 uova, sbattute
100 g/4 oz/¬Ω tazza di farina di mais (amido di mais)
olio per friggere
30 ml/2 cucchiai di acqua
5 ml/1 cucchiaino di olio di sesamo

Tagliate la platessa a listarelle e mettetela in una ciotola. Cospargere con sale, salsa di soia e 2 cucchiai/30 ml di succo d'ananas e lasciare riposare per 10 minuti. Sbattere le uova con 45 ml/3 cucchiai di amido di mais fino a formare una pasta e immergere il pesce nella pasta. Scaldare l'olio e friggere il pesce fino a doratura. Versare il pepe da cucina. Metti il succo d'ananas rimanente in una piccola casseruola. Mescolare 30 ml/2 cucchiai di amido di mais con l'acqua e mescolare nella padella. Portare a ebollizione e cuocere, mescolando, finché non si sarà addensato. Aggiungere metà dei pezzi di ananas e scaldare. Poco prima di servire, aggiungere l'olio di sesamo. Disporre il pesce cotto in una porzione riscaldata

impiattare e guarnire con l'ananas messo da parte. Versare la salsa calda e servire subito.

Salmone tofu

per 4 persone

120 ml/4 fl oz/¬Ω tazza di olio di arachidi
Tofu a cubetti da 450 g/1 libbra
2,5 ml/¬Ω c.olio di sesamo
100 g di filetto di salmone tritato
una spruzzata di salsa di peperoni
250 ml/8 once/1 tazza di brodo di pesce
15 ml/1 cucchiaio di amido di mais (amido di mais)
45 ml/3 cucchiai di acqua
2 erba cipollina (erba cipollina), tritata

Scaldare l'olio e friggere il tofu finché non sarà leggermente dorato. Togliere dalla padella. Scaldate l'olio e quello di sesamo e fate rosolare la salsa di salmone e peperoncino per 1 minuto. Aggiungere il brodo, portare a ebollizione e rimettere il tofu nella pentola. Cuocere lentamente, senza coperchio, fino a quando gli ingredienti saranno cotti e il liquido si sarà ridotto. Mescola l'amido di mais e l'acqua per creare una pasta. Aggiungetene un po' alla volta e fate cuocere, mescolando, finché il composto non si sarà addensato. Potrebbe non essere necessario tutta la miscela di farina di mais se lasci ridurre il liquido. Trasferire su un piatto da portata riscaldato e cospargere con erba cipollina.

Pesce marinato fritto

per 4 persone

450 g di spratto o altri pesciolini puliti
3 fette di radice di zenzero tritata
120 ml/4 fl oz/¬Ω tazza di salsa di soia
15 ml / 1 cucchiaio di vino di riso o sherry secco
1 spicchio di anice stellato
olio per friggere
15 ml/1 cucchiaio di olio di sesamo

Metti il pesce in una ciotola. Mescolare lo zenzero, la salsa di soia, il vino o lo sherry e i semi di anice, versare sul pesce e lasciare riposare per 1 ora, girando di tanto in tanto. Scolare il pesce, eliminare la marinata. Scaldare l'olio e friggere il pesce poco alla volta finché non diventa croccante e dorato. Scolare su carta assorbente e servire con un filo d'olio di sesamo.

trota con carota

per 4 persone

15 ml/1 cucchiaio di olio di arachidi

1 spicchio d'aglio, schiacciato

1 fetta di radice di zenzero tritata

4 trote

2 carote, tagliate a listarelle

25 g di germogli di bambù, tagliati a strisce

25 g di castagne d'acqua, tagliate a listarelle

15 ml/1 cucchiaio di salsa di soia

15 ml / 1 cucchiaio di vino di riso o sherry secco

Scaldare l'olio d'oliva e soffriggere l'aglio e lo zenzero finché non saranno leggermente dorati. Aggiungete il pesce, coprite e fate cuocere fino a quando il pesce sarà opaco. Aggiungere le carote, i germogli di bambù, le castagne, la salsa di soia e il vino o lo sherry, mescolare delicatamente, coprire e cuocere per circa 5 minuti.

trota fritta

per 4 persone

4 trote, pulite e piumate
2 uova, sbattute
50 g/2 oz/¬Ω tazza di farina semplice (per tutti gli usi)
olio per friggere
1 limone, tagliato a fette

Tagliare il pesce in diagonale più volte su ciascun lato. Immergere nell'uovo sbattuto e incorporare la farina in modo che sia ben ricoperta. Eliminare l'eccesso. Scaldare l'olio e friggere il pesce per circa 10-15 minuti finché non sarà cotto. Scolare su carta assorbente e servire con il limone.

Trota con salsa al limone

per 4 persone

450 ml/¬œ pt/2 tazze di brodo di pollo

Buccia di limone quadrata di 5 cm

150 ml/¬° pt/¬Ω tazza generosa di succo di limone

90 ml/6 cucchiai di zucchero di canna

2 fette di radice di zenzero, tagliate a listarelle

30 ml/2 cucchiai di amido di mais (amido di mais)

4 trote

375 g/12 once/3 tazze di farina semplice (per tutti gli usi)

6 fl oz/¬œ tazza d'acqua

olio per friggere

2 albumi

8 cipolline (scalogno), affettate sottilmente

Per preparare la salsa, frullare insieme il brodo, la scorza e il succo di limone e lo zucchero per 5 minuti. Togliere dal fuoco, filtrare e rimettere nella pentola. Mescolare l'amido di mais con un po' d'acqua e versarlo nella pentola. Cuocere per 5 minuti, mescolando continuamente. Togliere dal fuoco e tenere la salsa in caldo.

Ricoprire leggermente il pesce su entrambi i lati con un po' di farina. Sbattere il resto della farina con acqua e 2 cucchiaini/10 ml di olio fino ad ottenere un composto omogeneo. Montare gli albumi a neve ferma ma non asciutti ed incorporarli alla pastella. Riscaldare l'olio rimanente. Immergere il pesce nella pastella fino a coprirlo completamente. Friggere il pesce per ca. 10 minuti, girando una volta, finché saranno cotti e dorati. Pulisci con carta assorbente. Disporre il pesce su un piatto riscaldato. Mescolare i cipollotti con la salsa piccante, versarla sul pesce e servire subito.

Tonno cinese

per 4 persone

30 ml/2 cucchiai di olio di arachidi

1 cipolla tritata

200 g di tonno in scatola, sgocciolato e a scaglie

2 gambi di sedano tritati

100 g/4 once di funghi tritati

1 peperone verde, tritato

250 ml/8 once/1 tazza di brodo

30 ml/2 cucchiai di salsa di soia

Tagliatelle sottili all'uovo da 100 g/4 once

sale

15 ml/1 cucchiaio di amido di mais (amido di mais)

45 ml/3 cucchiai di acqua

Scaldare l'olio e friggere la cipolla fino a renderla morbida. Aggiungete il tonno e mescolate fino a quando sarà ben ricoperto d'olio. Aggiungere il sedano, i funghi e il pepe e friggere per 2 minuti. Aggiungere il brodo e la salsa di soia, portare ad ebollizione, coprire e cuocere a fuoco lento per 15 minuti. Nel frattempo cuocere la pasta in acqua salata bollente per circa 5 minuti finché sarà tenera, scolarla bene e metterla in un piatto da portata caldo.

piatto. Mescolare l'amido di mais e l'acqua, unire il composto alla salsa tonnata e cuocere, mescolando, finché la salsa non si schiarirà e si sarà addensata.

Tranci di pesce marinati

per 4 persone

4 bistecche di merlano o eglefino
2 spicchi d'aglio, schiacciati
2 fette di radice di zenzero, schiacciata
3 erba cipollina (erba cipollina), tritata
15 ml / 1 cucchiaio di vino di riso o sherry secco
15 ml/1 cucchiaio di aceto di vino
sale e pepe macinato fresco
45 ml/3 cucchiai di olio di arachidi

Metti il pesce in una ciotola. Mescolare aglio, zenzero, cipollotti, vino o sherry, aceto di vino, sale e pepe, versare sul pesce, coprire e lasciare marinare per diverse ore. Togliere il pesce dalla marinata. Scaldare l'olio e friggere il pesce finché non sarà dorato su entrambi i lati, quindi toglierlo dalla padella. Aggiungere la marinata nella padella, portare a ebollizione, rimettere il pesce nella padella e cuocere a fuoco lento fino a cottura ultimata.

gamberi alle mandorle

per 4 persone

100 g / 4 once di mandorle

225 g di gamberetti grandi sgusciati

2 fette di radice di zenzero tritata

15 ml/1 cucchiaio di amido di mais (amido di mais)

2,5 ml/¬Ω cc sale

30 ml/2 cucchiai di olio di arachidi

2 spicchi d'aglio

2 gambi di sedano tritati

5 ml/1 cucchiaino di salsa di soia

5 ml/1 cucchiaino di vino di riso o sherry secco

30 ml/2 cucchiai di acqua

Tostare le mandorle in una padella asciutta finché non saranno leggermente dorate e mettere da parte. Sgusciare i gamberi lasciando le code e tagliarli a metà nel senso della lunghezza fino alla coda. Mescolare con zenzero, amido di mais e sale. Scaldare l'olio d'oliva e soffriggere l'aglio fino a doratura, quindi scartare l'aglio. Aggiungere nella padella il sedano, la salsa di soia, il vino o lo sherry e l'acqua e portare a ebollizione. Aggiungere i gamberi e rosolarli finché non saranno ben cotti. Servire cosparso di mandorle tostate.

Gamberetti all'anice

per 4 persone

45 ml/3 cucchiai di olio di arachidi

15 ml/1 cucchiaio di salsa di soia

5 ml/1 cucchiaino di zucchero

120 ml/4 fl oz/¬Ω tazza di brodo di pesce

pizzico di anice macinato

450 g di gamberi sgusciati

Scaldare l'olio, aggiungere la salsa di soia, lo zucchero, il brodo e i semi di anice e portare a ebollizione. Aggiungere i gamberi e cuocere per qualche minuto fino a quando saranno caldi e fragranti.

gamberi con asparagi

per 4 persone

450 g di asparagi, tagliati a pezzi

45 ml/3 cucchiai di olio di arachidi

2 fette di radice di zenzero tritata

15 ml/1 cucchiaio di salsa di soia

15 ml / 1 cucchiaio di vino di riso o sherry secco

5 ml/1 cucchiaino di zucchero

2,5 ml/¬Ω cc sale

225 g di gamberi sgusciati

Scottare gli asparagi in acqua bollente per 2 minuti e scolarli bene. Scaldare l'olio e far rosolare lo zenzero per qualche secondo. Aggiungete gli asparagi e mescolate bene con l'olio. Aggiungere salsa di soia, vino o sherry, zucchero e sale e scaldare. Aggiungere i gamberi e mescolare a fuoco basso finché gli asparagi saranno teneri.

gamberi con pancetta

per 4 persone

450 g di gamberi grandi sgusciati
100 g/4 once di pancetta
1 uovo, leggermente sbattuto
2,5 ml/½ cc sale
15 ml/1 cucchiaio di salsa di soia
50 g/2 oz/½ tazza di farina di mais (amido di mais)
olio per friggere

Sgusciare i gamberi lasciando intatte le code. Tagliare a metà nel senso della lunghezza fino alla coda. Tagliare la pancetta a quadretti. Premere un pezzo di pancetta al centro di ciascun gambero e unire le due metà. Sbattere l'uovo con sale e salsa di soia. Immergere i gamberi nell'uovo e cospargerli di amido di mais. Scaldate l'olio e friggete i gamberi finché non saranno croccanti e dorati.

polpette di gamberetti

per 4 persone

3 funghi cinesi secchi
450 g/1 lb di gamberi tritati finemente
6 castagne d'acqua tritate finemente
1 cipollotto (scalogno), tritato finemente
1 fetta di radice di zenzero, tritata finemente
sale e pepe macinato fresco
2 uova, sbattute
15 ml/1 cucchiaio di amido di mais (amido di mais)
50 g/2 oz/¬Ω tazza di farina semplice (per tutti gli usi)
olio di arachidi (arachidi) per friggere

Mettere a bagno i funghi in acqua tiepida per 30 minuti e poi scolarli. Eliminare i gambi e tritare finemente le cime. Mescolare con gamberi, castagne d'acqua, cipolline e zenzero e condire con sale e pepe. Mescola 1 uovo e 1 cucchiaino/5 ml di farina di mais fino a formare delle palline delle dimensioni di un cucchiaino colmo.

Sbattere l'uovo rimanente, l'amido di mais e la farina e aggiungere abbastanza acqua per ottenere una pastella densa e liscia. Arrotolare le palline

Bussare. Scaldare l'olio e friggere per qualche minuto finché non saranno leggermente dorate.

Gamberoni alla griglia

per 4 persone

450 g di gamberi grandi, sgusciati
100 g/4 once di pancetta
8 once/225 g di fegato di pollo, affettato
1 spicchio d'aglio, schiacciato
2 fette di radice di zenzero tritata
30 ml/2 cucchiai di zucchero
120 ml/4 fl oz/¬Ω tazza di salsa di soia
sale e pepe macinato fresco

Tagliare i gamberi nel senso della lunghezza lungo il dorso senza inciderli e appiattirli leggermente. Tagliate a pezzetti la pancetta e mettetela in una ciotola insieme ai gamberi e ai fegatini di pollo. Mescolare il resto degli ingredienti, versare sui gamberi e lasciare riposare per 30 minuti. Infilare i gamberi, la pancetta e il fegato negli spiedini e grigliarli o grigliarli per ca. 5 minuti, girando spesso fino a cottura ultimata e cospargendo di tanto in tanto con la marinata.

Gamberi con germogli di bambù

per 4 persone

60 ml/4 cucchiai di olio di arachidi

1 spicchio d'aglio, tritato

1 fetta di radice di zenzero tritata

450 g di gamberi sgusciati

30 ml/2 cucchiai di vino di riso o sherry secco

225 g di germogli di bambù

30 ml/2 cucchiai di salsa di soia

15 ml/1 cucchiaio di amido di mais (amido di mais)

45 ml/3 cucchiai di acqua

Scaldare l'olio d'oliva e soffriggere l'aglio e lo zenzero finché non saranno leggermente dorati. Aggiungere i gamberi e friggerli per 1 minuto. Aggiungi vino o sherry e mescola bene. Aggiungere i germogli di bambù e rosolare per 5 minuti. Aggiungere il resto degli ingredienti e friggere per 2 minuti.

Gamberi con germogli di soia

per 4 persone

4 funghi cinesi secchi

30 ml/2 cucchiai di olio di arachidi

1 spicchio d'aglio, schiacciato

225 g di gamberi sgusciati

15 ml / 1 cucchiaio di vino di riso o sherry secco

450 g di germogli di soia

120 ml/4 fl oz/¬Ω tazza di brodo di pollo

15 ml/1 cucchiaio di salsa di soia

15 ml/1 cucchiaio di amido di mais (amido di mais)

sale e pepe macinato fresco

2 erba cipollina (erba cipollina), tritata

Mettere a bagno i funghi in acqua tiepida per 30 minuti e poi scolarli. Eliminare i gambi e tagliare le sommità. Scaldare l'olio d'oliva e soffriggere l'aglio fino a renderlo leggermente dorato. Aggiungere i gamberi e friggerli per 1 minuto. Aggiungere vino o sherry e rosolare per 1 minuto. Aggiungi funghi e germogli di soia. Unisci il brodo, la salsa di soia e l'amido di mais e mescola nella padella. Portare a ebollizione e cuocere, mescolando, finché la salsa non si schiarirà e si sarà addensata. Condire con sale e pepe. Servire cosparso di erba cipollina.

Gamberi in salsa di fagioli neri

per 4 persone

30 ml/2 cucchiai di olio di arachidi

5 ml/1 cucchiaino di sale

1 spicchio d'aglio, schiacciato

45 ml/3 cucchiai di salsa di fagioli neri

1 peperone verde, tritato

1 cipolla tritata

120 ml/4 fl oz/¬Ω tazza di brodo di pesce

5 ml/1 cucchiaino di zucchero

15 ml/1 cucchiaio di salsa di soia

225 g di gamberi sgusciati

15 ml/1 cucchiaio di amido di mais (amido di mais)

45 ml/3 cucchiai di acqua

Scaldare l'olio d'oliva e rosolare sale, aglio e salsa di fagioli neri per 2 minuti. Aggiungere pepe e cipolla e soffriggere per 2 minuti. Aggiungere il brodo, lo zucchero e la salsa di soia e portare a ebollizione. Aggiungere i gamberi e cuocere per 2 minuti. Mescolare la farina di mais con l'acqua fino a formare una pasta, unirla nella padella e cuocere, mescolando, finché la salsa non si schiarisce e si addensa.

Gamberi con sedano

per 4 persone

45 ml/3 cucchiai di olio di arachidi

3 fette di radice di zenzero tritata

450 g di gamberi sgusciati

5 ml/1 cucchiaino di sale

15 ml/1 cucchiaio di sherry

4 gambi di sedano tritati

100 g/4 once di mandorle tritate

Scaldare metà dell'olio d'oliva e rosolare lo zenzero finché non diventa leggermente dorato. Aggiungere i gamberi, il sale e lo sherry e mescolare fino a quando saranno ben ricoperti di olio e togliere dalla padella. Scaldate il restante olio d'oliva e fate rosolare il sedano e le mandorle per qualche minuto finché il sedano sarà tenero ma ancora croccante. Rimettere i gamberi nella padella, mescolare bene e riscaldare prima di servire.

Gamberi fritti con pollo

per 4 persone

30 ml/2 cucchiai di olio di arachidi

2 spicchi d'aglio, schiacciati

225 g/8 once di pollo cotto, tagliato a fette sottili

100 g di germogli di bambù, affettati

100 g di funghi, affettati

75 ml/5 cucchiai di brodo di pesce

225 g di gamberi sgusciati

8 once/225 g di piselli

15 ml/1 cucchiaio di amido di mais (amido di mais)

45 ml/3 cucchiai di acqua

Scaldare l'olio d'oliva e soffriggere l'aglio fino a renderlo leggermente dorato. Aggiungere il pollo, i germogli di bambù e i funghi e farli rosolare finché non saranno ben ricoperti d'olio. Aggiungere il brodo e portare ad ebollizione. Aggiungete i gamberi e i piselli, coprite e fate cuocere per 5 minuti. Unisci l'amido di mais e l'acqua per formare una pasta, mescola in una padella e cuoci, mescolando, finché la salsa non si schiarisce e si addensa. Servire immediatamente.

gamberetti al pepe

per 4 persone

450 g di gamberi sgusciati

1 albume d'uovo

10 ml/2 cucchiaini di amido di mais (amido di mais)

5 ml/1 cucchiaino di sale

60 ml/4 cucchiai di olio di arachidi

25 g/1 oncia di peperoncino rosso essiccato, tagliato

1 spicchio d'aglio, schiacciato

5 ml/1 cucchiaino di pepe macinato fresco

15 ml/1 cucchiaio di salsa di soia

5 ml/1 cucchiaino di vino di riso o sherry secco

2,5 ml/¬Ω c.zucchero

2,5 ml/¬Ω cc aceto di vino

2,5 ml/¬Ω c.olio di sesamo

Mettete i gamberi in una ciotola con l'albume, l'amido di mais e il sale e lasciate marinare per 30 minuti. Scaldare l'olio d'oliva e soffriggere il peperone, l'aglio e il peperoncino per 1 minuto. Aggiungete i gamberi e gli altri ingredienti e fate rosolare per qualche minuto finché i gamberi non saranno ben cotti e gli ingredienti saranno ben amalgamati.

Chop Suey di gamberetti

per 4 persone

60 ml/4 cucchiai di olio di arachidi
2 erba cipollina (erba cipollina), tritata
2 spicchi d'aglio, schiacciati
1 fetta di radice di zenzero tritata
225 g di gamberi sgusciati
100 g di piselli surgelati
100 g di funghi, tagliati a metà
30 ml/2 cucchiai di salsa di soia
15 ml / 1 cucchiaio di vino di riso o sherry secco
5 ml/1 cucchiaino di zucchero
5 ml/1 cucchiaino di sale
15 ml/1 cucchiaio di amido di mais (amido di mais)

Scaldare 45 ml/3 cucchiai di olio e rosolare il cipollotto, l'aglio e lo zenzero finché non saranno leggermente dorati.
Aggiungere i gamberi e friggerli per 1 minuto. Togliere dalla padella. Scaldare il resto dell'olio d'oliva e friggere i piselli e i

funghi per 3 minuti. Aggiungere i gamberi, la salsa di soia, il vino o lo sherry, lo zucchero e il sale e friggere per 2 minuti. Sciogliere la maizena con un po' d'acqua, versarla nella padella e cuocere, mescolando, finché la salsa non si schiarirà e si sarà addensata.

Chow Mein Di Gamberetti

per 4 persone

450 g di gamberi sgusciati
15 ml/1 cucchiaio di amido di mais (amido di mais)
15 ml/1 cucchiaio di salsa di soia
15 ml / 1 cucchiaio di vino di riso o sherry secco
4 funghi cinesi secchi
30 ml/2 cucchiai di olio di arachidi
5 ml/1 cucchiaino di sale
1 fetta di radice di zenzero tritata
100 g/4 once di cavolo cinese, tagliato a fette
100 g di germogli di bambù, affettati
Noodles fritti

Mescolare i gamberi con amido di mais, salsa di soia e vino o sherry e lasciar riposare, mescolando di tanto in tanto. Mettere a bagno i funghi in acqua tiepida per 30 minuti e poi scolarli. Eliminare i gambi e tagliare le sommità. Scaldare l'olio e rosolare il sale e lo zenzero per 1 minuto. Aggiungere il cavolo e i germogli di bambù e mescolare fino a ricoprirli di olio. Coprire e cuocere per 2 minuti. Aggiungere i gamberi e la marinata e friggere per 3 minuti. Aggiungere la pasta scolata e riscaldare prima di servire.

Gamberi con zucchine e litchi

per 4 persone

12 gamberoni

sale e pepe

10 ml/2 cucchiaini di salsa di soia

10 ml/2 cucchiaini di amido di mais (amido di mais)

15 ml/1 cucchiaio di olio di arachidi

4 spicchi d'aglio, schiacciati

2 peperoni rossi, tritati

8 once/225 g di zucchine, a dadini

2 erba cipollina (erba cipollina), tritata

12 litchi senza semi

4 fl oz/¬Ω tazza/120 ml di crema al cocco

10 ml/2 cucchiaini di curry delicato in polvere
5 ml/1 cucchiaino di salsa di pesce

Sgusciare i gamberi lasciando le code. Cospargere di sale, pepe e salsa di soia e aggiungere l'amido di mais. Scaldare l'olio d'oliva e soffriggere l'aglio, la paprika e i gamberi per 1 minuto. Aggiungere le zucchine, l'erba cipollina e il litchi e far rosolare per 1 minuto. Togliere dalla padella. Versare la crema di cocco nella padella, portare ad ebollizione e cuocere per 2 minuti finché non si addensa. Mescolare il curry

polvere e salsa di pesce e condire con sale e pepe. Rimettere i gamberi e le verdure nella salsa per riscaldarli prima di servire.

gamberetti granchio

per 4 persone

45 ml/3 cucchiai di olio di arachidi

3 erba cipollina (erba cipollina), tritata

1 radice di zenzero affettata, tritata

225 g/8 once di polpa di granchio

15 ml / 1 cucchiaio di vino di riso o sherry secco

30 ml/2 cucchiai di brodo di pollo o pesce

15 ml/1 cucchiaio di salsa di soia

5 ml/1 cucchiaino di zucchero di canna

5 ml/1 cucchiaino di aceto di vino

pepe appena macinato

10 ml/2 cucchiaini di amido di mais (amido di mais)

225 g di gamberi sgusciati

Scaldate 30 ml/2 cucchiai di olio e fate soffriggere i cipollotti e lo zenzero finché non saranno leggermente dorati. Aggiungere la polpa di granchio e friggere per 2 minuti. Aggiungere vino o sherry, brodo, salsa di soia, zucchero e aceto e condire con pepe. Cuocere per 3 minuti. Mescolare l'amido di mais con un po' d'acqua e aggiungere la salsa. Cuocere, mescolando, finché la salsa non si addensa. Nel frattempo scaldate il restante olio in una padella a parte e fate rosolare i gamberi per qualche minuto.

minuti fino a quando non sarà completamente riscaldato. Disporre il composto di granchio su un piatto riscaldato e guarnire con i gamberi.

Gamberetti al cetriolo

per 4 persone

225 g di gamberi sgusciati

sale e pepe macinato fresco

15 ml/1 cucchiaio di amido di mais (amido di mais)

1 cetriolo

45 ml/3 cucchiai di olio di arachidi

2 spicchi d'aglio, schiacciati

1 cipolla, tritata finemente

15 ml / 1 cucchiaio di vino di riso o sherry secco

2 fette di radice di zenzero tritata

Condire i gamberi con sale e pepe e mescolarli con l'amido di mais. Sbucciare e privare il cetriolo dei semi e tagliarlo a fette spesse. Scaldare metà dell'olio d'oliva e rosolare l'aglio e la cipolla fino a quando saranno leggermente dorati. Aggiungere i gamberi e lo sherry e far rosolare per 2 minuti, quindi rimuovere gli ingredienti dalla padella. Scaldare l'olio rimanente e rosolare lo zenzero per 1 minuto. Aggiungere il cetriolo e friggere per 2 minuti. Riporta il composto di gamberi nella pentola e rosola finché non sarà ben amalgamato e riscaldato.

Curry di gamberetti

per 4 persone

45 ml/3 cucchiai di olio di arachidi

4 scalogni (scalogno), affettati

30 ml/2 cucchiai di curry in polvere

2,5 ml/¬Ω cc sale

120 ml/4 fl oz/¬Ω tazza di brodo di pollo

450 g di gamberi sgusciati

Scaldare l'olio d'oliva e rosolare l'erba cipollina per 30 secondi. Aggiungere il curry e il sale e friggere per 1 minuto. Aggiungere il brodo, portare ad ebollizione e cuocere, mescolando, per 2 minuti. Aggiungere i gamberi e scaldare dolcemente.

Curry di gamberi e funghi

per 4 persone

5 ml/1 cucchiaino di salsa di soia
5 ml/1 cucchiaino di vino di riso o sherry secco
225 g di gamberi sgusciati
30 ml/2 cucchiai di olio di arachidi
2 spicchi d'aglio, schiacciati
1 fetta di radice di zenzero, tritata finemente
1 cipolla, tagliata in quarti
100 g di funghi champignon
100 g di piselli freschi o surgelati
15 ml/1 cucchiaio di curry in polvere
15 ml/1 cucchiaio di amido di mais (amido di mais)
150 ml/¬° pt/¬Ω tazza generosa di brodo di pollo

Unisci salsa di soia, vino o sherry e gamberi. Scaldare l'olio d'oliva con l'aglio e lo zenzero e friggere fino a doratura. Aggiungere cipolle, funghi e piselli e friggere per 2 minuti. Aggiungere il curry e l'amido di mais e friggere per 2 minuti. Aggiungere poco alla volta il brodo, portare a ebollizione, coprire e cuocere per 5 minuti, mescolando di tanto in tanto.

Aggiungere i gamberi e la marinata, coprire e cuocere per 2 minuti.

gamberetto fritto

per 4 persone

450 g di gamberi sgusciati
30 ml/2 cucchiai di vino di riso o sherry secco
5 ml/1 cucchiaino di sale
olio per friggere
salsa di soia

Immergere i gamberi nel vino o nello sherry e cospargere di sale. Lasciare riposare per 15 minuti, scolare e asciugare. Scaldare l'olio e friggere i gamberi per pochi secondi finché non saranno croccanti. Servire condito con salsa di soia.

Gamberi impanati fritti

per 4 persone

50 g/2 oz/¬Ω tazza di farina semplice (per tutti gli usi)

2,5 ml/¬Ω cc sale

1 uovo, leggermente sbattuto

30 ml/2 cucchiai di acqua

450 g di gamberi sgusciati

olio per friggere

Sbattere la farina, il sale, le uova e l'acqua fino ad ottenere un impasto, aggiungendo un po' d'acqua se necessario. Mescolare con i gamberi finché non saranno ben ricoperti. Scaldare l'olio e friggere i gamberi per qualche minuto finché non saranno croccanti e dorati.

Polpette di gamberi in salsa di pomodoro

per 4 persone

900 g di gamberi sgusciati

450 g/1 libbra di merluzzo tritato (macinato)

4 uova sbattute

50 g/2 oz/¬Ω tazza di farina di mais (amido di mais)

2 spicchi d'aglio, schiacciati

30 ml/2 cucchiai di salsa di soia

15 ml/1 cucchiaio di zucchero

15 ml/1 cucchiaio di olio di arachidi

Per la salsa:

30 ml/2 cucchiai di olio di arachidi

100 g/4 once di erba cipollina (erba cipollina), tritata

100 g/4 once di funghi tritati

100 g di prosciutto, tritato

2 gambi di sedano tritati

200 g di pomodori pelati e tagliati a pezzetti

300 ml/¬Ω pt/1¬° tazze d'acqua

sale e pepe macinato fresco

15 ml/1 cucchiaio di amido di mais (amido di mais)

Tritare finemente i gamberi e unirli al baccalà. Aggiungere le uova, l'amido di mais, l'aglio, la salsa di soia, lo zucchero e l'olio. Mettete a bollire una pentola con abbondante acqua e versateci delle cucchiaiate del composto. Riportate sul fuoco e fate cuocere per qualche minuto finché le polpette non saliranno in superficie. Asciugare bene. Per preparare la salsa, scaldare l'olio d'oliva e rosolare l'erba cipollina fino a renderla morbida ma non dorata. Aggiungere i funghi e farli rosolare per 1 minuto, aggiungere il prosciutto, il sedano e i pomodori e farli rosolare per 1 minuto. Aggiungere l'acqua, portare ad ebollizione e condire con sale e pepe. Coprire e cuocere per 10 minuti, mescolando di tanto in tanto. Mescolare l'amido di mais con un po' d'acqua e incorporarlo alla salsa. Cuocere per qualche minuto, mescolando, finché la salsa non si schiarisce e si addensa. Servire con polpette.

Gamberi e uova strapazzate

per 4 persone

15 ml/1 cucchiaio di olio di sesamo

8 gamberi sgusciati

1 peperone rosso, tritato

2 erba cipollina (erba cipollina), tritata

30 ml/2 cucchiai di abalone tritato (opzionale)

8 uova

15 ml/1 cucchiaio di salsa di soia

sale e pepe macinato fresco

qualche rametto di prezzemolo a foglia piatta

Usa l'olio di sesamo per ungere 8 stampini. Disporre un gambero su ogni piatto con un po' di pepe, erba cipollina e abalone, se utilizzati. Rompi un uovo in ogni ciotola e condisci con salsa di soia, sale e pepe. Disporre gli stampini su una teglia e infornare nel forno preriscaldato a 200°C/termostato 6 per ca. 15 minuti finché le uova non saranno cotte e leggermente croccanti all'esterno. Disporli con cura su un piatto riscaldato e guarnire con prezzemolo.

Involtini imperiali con gamberi

per 4 persone

225 g / 8 once di germogli di soia

30 ml/2 cucchiai di olio di arachidi

4 gambi di sedano tritati

100 g/4 once di funghi tritati

8 once/225 g di gamberetti sgusciati, tritati

15 ml / 1 cucchiaio di vino di riso o sherry secco

2,5 ml/¬Ω cc farina di mais (amido di mais)

2,5 ml/¬Ω cc sale

2,5 ml/¬Ω c.zucchero

12 gusci per involtini primavera

1 uovo sbattuto

olio per friggere

Sbollentare i germogli di soia in acqua bollente per 2 minuti, quindi scolarli. Scaldare l'olio d'oliva e rosolare il sedano per 1 minuto. Aggiungere i funghi e far rosolare per 1 minuto. Aggiungere gamberetti, vino o sherry, amido di mais, sale e zucchero e rosolare per 2 minuti. Lasciate raffreddare.

Mettete un po' di ripieno al centro di ogni pelle e spennellate i bordi con l'uovo sbattuto. Ripiegate i bordi e arrotolate il rotolo lontano da voi, sigillando i bordi con l'uovo. Scaldare l'olio e friggere fino a doratura.

gamberetti orientali

per 4 persone
16.Äì20 gamberoni sgusciati
1 succo di limone
120 ml/4 fl oz/¬Ω tazza di vino bianco secco
30 ml/2 cucchiai di salsa di soia
30 ml/2 cucchiai di miele
15 ml/1 cucchiaio di scorza di limone
sale e pepe
45 ml/3 cucchiai di olio di arachidi
1 spicchio d'aglio, tritato
6 cipollotti (scalogno), tagliati a strisce
2 carote, tagliate a listarelle
5 ml/1 cucchiaino di polvere di cinque spezie
5 ml/1 cucchiaino di amido di mais (amido di mais)

Mescolare i gamberi con succo di limone, vino, salsa di soia, miele e scorza di limone e condire con sale e pepe. Coprire e lasciare marinare per 1 ora. Scaldare l'olio d'oliva e soffriggere l'aglio fino a renderlo leggermente dorato. Aggiungete le verdure e rosolatele finché saranno morbide ma ancora croccanti. Scolate i gamberi, metteteli nella padella e fateli rosolare per 2 minuti. Varietà

la marinata e mescolare con la polvere di cinque spezie e l'amido di mais. Aggiungere il wok, mescolare bene e portare a ebollizione.

Gamberetti Foo Yung

per 4 persone

6 uova sbattute

45 ml / 3 cucchiai di farina di mais (amido di mais)

225 g di gamberi sgusciati

100 g di funghi, affettati

5 ml/1 cucchiaino di sale

2 erba cipollina (erba cipollina), tritata

45 ml/3 cucchiai di olio di arachidi

Sbattere le uova e poi aggiungere l'amido di mais. Aggiungere tutti gli ingredienti rimanenti tranne l'olio. Scaldare l'olio e versare poco alla volta il composto nella padella ottenendo delle frittelle di ca. 7,5 centimetri di diametro. Friggere finché la parte inferiore non sarà dorata, girare e far rosolare l'altro lato.

Gamberetto fritto

per 4 persone

12 gamberi grandi crudi

1 uovo sbattuto

30 ml/2 cucchiai di amido di mais (amido di mais)

pizzico di sale

un pizzico di pepe

3 fette di pane

1 tuorlo d'uovo sodo (duro), tritato

25 g di prosciutto cotto, tritato

1 erba cipollina (cipolla verde), tritata

olio per friggere

Eliminate le squame e le venature del dorso dei gamberi, lasciando intatte le code. Tagliate il dorso dei gamberi con un coltello affilato e appiattiteli con cura. Sbattere le uova, l'amido di mais, il sale e il pepe. Immergere i gamberi nel composto fino a ricoprirli completamente. Togliere la crosta al pane e tagliarlo in quarti. Disporre su ogni pezzo un gambero con la parte tagliata rivolta verso il basso e premere verso il basso. Spennellare ogni gambero con un po' del composto di uova e cospargervi sopra il tuorlo, il prosciutto e l'erba cipollina. Scaldate l'olio e friggete i pezzi di pane ai gamberi poco alla volta finché non saranno dorati. Scolare su carta assorbente e servire caldo.

Gamberi saltati in salsa

per 4 persone

75 g/3 once/½ tazza di farina di mais (amido di mais)

¬Ω uovo sbattuto

5 ml/1 cucchiaino di vino di riso o sherry secco

sale

450 g di gamberi sgusciati

45 ml/3 cucchiai di olio di arachidi

5 ml/1 cucchiaino di olio di sesamo

1 spicchio d'aglio, schiacciato

1 fetta di radice di zenzero tritata

3 cipolline (scalogno), affettate

15 ml/1 cucchiaio di brodo di pesce

5 ml/1 cucchiaino di aceto di vino

5 ml/1 cucchiaino di zucchero

Mescola amido di mais, uova, vino o sherry e un pizzico di sale per formare una pasta. Immergere i gamberi nella pastella in modo che siano leggermente ricoperti. Scaldare l'olio e friggere i gamberi finché non saranno croccanti all'esterno.

Toglieteli dalla padella e fate scolare l'olio. Scaldare l'olio di sesamo in padella, aggiungere i gamberi, l'aglio, lo zenzero e

erba cipollina e rosolare per 3 minuti. Aggiungere il brodo, l'aceto di vino e lo zucchero, mescolare bene e scaldare prima di servire.

Gamberi in camicia con prosciutto e tofu

per 4 persone

30 ml/2 cucchiai di olio di arachidi

8 once/225 g di tofu, tagliato a dadini

600 ml/1 pt/2 Ω tazze di brodo di pollo

100 g di prosciutto affumicato, tagliato a dadini

225 g di gamberi sgusciati

Scaldare l'olio e friggere il tofu finché non sarà leggermente dorato. Togliere dalla padella e scolare. Scaldare il brodo, aggiungere il tofu e il prosciutto e cuocere a fuoco basso per circa 10 minuti fino a quando il tofu sarà cotto. Aggiungere i gamberi e cuocere per altri 5 minuti finché non saranno ben cotti. Servire in ciotole profonde.

Gamberi con salsa di aragosta

per 4 persone

45 ml/3 cucchiai di olio di arachidi

2 spicchi d'aglio, schiacciati

5 ml/1 cucchiaino di fagioli neri tritati

100 g di carne di maiale macinata (tritata)

450 g di gamberi sgusciati

15 ml / 1 cucchiaio di vino di riso o sherry secco

300 ml/¬Ω pt/1¬° tazze di brodo di pollo

30 ml/2 cucchiai di amido di mais (amido di mais)

2 uova, sbattute

15 ml/1 cucchiaio di salsa di soia

2,5 ml/¬Ω cc sale

2,5 ml/¬Ω c.zucchero

2 erba cipollina (erba cipollina), tritata

Scaldare l'olio d'oliva e rosolare l'aglio e i fagioli neri fino a quando l'aglio sarà leggermente dorato. Aggiungere il maiale e friggerlo fino a doratura. Aggiungere i gamberi e friggerli per 1 minuto. Aggiungere lo sherry, coprire e cuocere per 1 minuto. Aggiungere il brodo e l'amido di mais, portare a ebollizione, mescolare, coprire e cuocere per 5 minuti. Aggiungete le uova, mescolando continuamente fino a formare dei cordoncini. Aggiungi la soia

salsa, sale, zucchero ed erba cipollina e fate cuocere per qualche minuto prima di servire.

abalone sott'aceto

per 4 persone

Abalone in scatola da 450 g/1 libbra

45 ml/3 cucchiai di salsa di soia

30 ml/2 cucchiai di aceto di vino

5 ml/1 cucchiaino di zucchero

qualche goccia di olio di sesamo

Scolare l'abalone e tagliarlo a fettine sottili o strisce. Unisci gli ingredienti rimanenti, versaci sopra l'abalone e mescola bene. Coprire e conservare in frigorifero per 1 ora.

Germogli di bambù brasati

per 4 persone

60 ml/4 cucchiai di olio di arachidi

225 g di germogli di bambù, tagliati a strisce

60 ml/4 cucchiai di brodo di pollo

15 ml/1 cucchiaio di salsa di soia

5 ml/1 cucchiaino di zucchero

5 ml/1 cucchiaino di vino di riso o sherry secco

Scaldare l'olio e rosolare i germogli di bambù per 3 minuti. Unisci il brodo, la salsa di soia, lo zucchero e il vino o lo sherry e aggiungili alla padella. Coprire e cuocere per 20 minuti. Lasciare raffreddare e raffreddare prima di servire.

Pollo al cetriolo

per 4 persone

1 cetriolo, sbucciato e senza semi
225 g di pollo cotto, tagliato a pezzi
5 ml/1 cucchiaino di senape in polvere
2,5 ml/¬Ω cc sale
30 ml/2 cucchiai di aceto di vino

Tagliare il cetriolo a listarelle e metterlo in un piatto fondo. Mettici sopra il pollo. Mescolare senape, sale e aceto di vino e versare sul pollo al momento di servire.

pollo al sesamo

per 4 persone

350 g/12 once di pollo cotto
120 ml/4 fl oz/½ tazza di acqua
5 ml/1 cucchiaino di senape in polvere
15 ml / 1 cucchiaio di semi di sesamo
2,5 ml/½ cc sale
Un pizzico di zucchero
45 ml/3 cucchiai di coriandolo fresco tritato
5 erba cipollina (erba cipollina), tritata
½ cespo di lattuga, tagliato a pezzi

Tagliare il pollo a listarelle sottili. Mescolare abbastanza acqua con la senape per ottenere una pasta liscia e unirla al pollo. Tostare i semi di sesamo in una padella asciutta finché non saranno leggermente dorati, aggiungerli al pollo e cospargere di sale e zucchero. Aggiungete metà del prezzemolo e dell'erba cipollina e mescolate bene. Disporre l'insalata su un piatto, ricoprirla con il composto di pollo e guarnire con il resto del prezzemolo.

litchi allo zenzero

per 4 persone

1 cocomero grande, tagliato a metà e senza semi
450 g di litchi in scatola, sgocciolati
Zenzero con gambo di 2 pollici/5 cm, tagliato a fette
alcune foglie di menta

Guarnire le metà del melone con litchi e zenzero, guarnire con foglie di menta. Raffreddare prima di servire.

Alette di pollo cotte in rosso

per 4 persone
8 ali di pollo
2 erba cipollina (erba cipollina), tritata
75 ml/5 cucchiai di salsa di soia
120 ml/4 fl oz/½ tazza di acqua
30 ml/2 cucchiai di zucchero di canna

Tagliare ed eliminare le punte dell'osso dalle ali di pollo e tagliarle a metà. Mettetela in una padella con il resto degli ingredienti, portate a bollore, coprite e fate cuocere per 30 minuti. Togliere il coperchio e cuocere per altri 15 minuti, spennellando spesso. Raffreddare e conservare in frigorifero prima di servire.

Polpa di granchio di cetriolo

per 4 persone

100 g di polpa di granchio, sbriciolata
2 cetrioli, sbucciati e grattugiati
1 fetta di radice di zenzero tritata
15 ml/1 cucchiaio di salsa di soia
30 ml/2 cucchiai di aceto di vino
5 ml/1 cucchiaino di zucchero
qualche goccia di olio di sesamo

Metti la polpa di granchio e i cetrioli in una ciotola. Unisci gli ingredienti rimanenti, versaci sopra il composto di polpa di granchio e mescola bene. Coprire e raffreddare 30 minuti prima di servire.

Funghi marinati

per 4 persone

225 g / 8 once di funghi champignon
30 ml/2 cucchiai di salsa di soia
15 ml / 1 cucchiaio di vino di riso o sherry secco
pizzico di sale
qualche goccia di salsa tabasco
qualche goccia di olio di sesamo

Sbollentare i funghi in acqua bollente per 2 minuti, quindi scolarli e asciugarli. Mettetela in una ciotola e versate il resto degli ingredienti. Mescolare bene e far raffreddare prima di servire.

Funghi marinati

per 4 persone
225 g / 8 once di funghi champignon
3 spicchi d'aglio, schiacciati
30 ml/2 cucchiai di salsa di soia
30 ml/2 cucchiai di vino di riso o sherry secco
15 ml/1 cucchiaio di olio di sesamo
pizzico di sale

Mettere i funghi e l'aglio in uno scolapasta, versarvi sopra dell'acqua bollente e lasciare agire per 3 minuti. Pulisci e asciuga bene. Mescolare il resto degli ingredienti, versare la marinata sui funghi e lasciar marinare per 1 ora.

gamberetti e cavolfiore

per 4 persone

225 g di cimette di cavolfiore
100 g di gamberi sgusciati
15 ml/1 cucchiaio di salsa di soia
5 ml/1 cucchiaino di olio di sesamo

Cuocere il cavolfiore per circa 5 minuti finché sarà tenero ma ancora croccante. Mescolare con i gamberi, cospargere con salsa di soia e olio di sesamo e mescolare. Raffreddare prima di servire.

bastoncini di prosciutto al sesamo

per 4 persone

225 g di prosciutto, tagliato a listarelle
10 ml/2 cucchiaini di salsa di soia
2,5 ml/½ c. olio di sesamo

Disporre il prosciutto su un piatto. Mescolare la salsa di soia e l'olio di sesamo, cospargere il prosciutto e servire.

Tofu freddo

per 4 persone

450 g/1 libbra di tofu, a fette

45 ml/3 cucchiai di salsa di soia

45 ml/3 cucchiai di olio di arachidi

pepe appena macinato

Mettete il tofu, poche fette alla volta, in uno scolapasta e mettetelo in acqua bollente per 40 secondi, scolatelo e posizionatelo su un piatto da portata. Lasciate raffreddare. Mescolare salsa di soia e olio, cospargere il tofu e servire spolverato di pepe.

Pollo con pancetta

per 4 persone

225 g di pollo, tagliato a fettine molto sottili
75 ml/5 cucchiai di salsa di soia
15 ml / 1 cucchiaio di vino di riso o sherry secco
1 spicchio d'aglio, schiacciato
15 ml / 1 cucchiaio di zucchero di canna
5 ml/1 cucchiaino di sale
5 ml/1 cucchiaino di radice di zenzero tritata
8 once/225 g di pancetta magra, tagliata a dadini
100 g di castagne d'acqua, tagliate a fettine molto sottili
30 ml/2 cucchiai di miele

Metti il pollo in una ciotola. Mescolare 45 ml/3 cucchiai di salsa di soia con vino o sherry, aglio, zucchero, sale e zenzero, versare sopra il pollo e lasciare marinare per circa 3 ore. Infilare il pollo, la pancetta e le castagne negli spiedini di kebab. Mescolare il resto della salsa di soia con il miele e spennellare gli spiedini. Grigliare (grigliare) su una griglia ben calda per ca. 10 minuti fino a cottura ultimata, girando spesso e spennellando con altri condimenti durante la cottura.

Pollo e banane fritte

per 4 persone

2 petti di pollo cotti

2 banane sode

6 fette di pane

4 uova

120 ml/4 fl oz/½ tazza di latte

50 g/2 oz/½ tazza di farina semplice (per tutti gli usi)

225 g/8 oz/4 tazze di pangrattato fresco

olio per friggere

Tagliare il pollo in 24 pezzi. Sbucciare le banane e tagliarle in quarti nel senso della lunghezza. Tagliare ogni quarto in terzi per ottenere 24 pezzi. Togliere la crosta al pane e tagliarlo in quarti. Sbattere uova e latte e spennellare un lato del pane. Metti un pezzo di pollo e un pezzo di banana sul lato ricoperto di uovo di ogni pane. Spolverate leggermente i quadrati con la farina, poi ricopriteli con l'uovo e passateli nel pangrattato. Passare nuovamente nell'uovo e nel pangrattato. Scaldare l'olio e friggere pochi quadratini alla volta fino a doratura. Scolare su carta assorbente prima di servire.

Pollo allo zenzero e funghi

per 4 persone

Filetti di petto di pollo da 225 g/8 once
5 ml/1 cucchiaino di polvere di cinque spezie
15 ml/1 cucchiaio di farina di frumento (per tutti gli usi)
120 ml/4 fl oz/¬Ω tazza di olio di arachidi
4 scalogni, dimezzati
1 spicchio d'aglio, affettato
1 fetta di radice di zenzero tritata
25 g/1 oz/¬ tazza di anacardi
5 ml/1 cucchiaino di miele
15 ml/1 cucchiaio di farina di riso
75 ml/5 cucchiai di vino di riso o sherry secco
100 g di funghi tagliati in quarti
2,5 ml/¬Ω C. Curcuma
6 peperoni gialli, tagliati a metà
5 ml/1 cucchiaino di salsa di soia
¬Ω Succo di limone
sale e pepe
4 foglie di lattuga croccanti

Tagliare il petto di pollo in diagonale a listarelle sottili. Cospargere con polvere di cinque spezie e spolverare leggermente con farina. Scaldare 15 ml/1 cucchiaio di olio e rosolare il pollo fino a doratura. Togliere dalla padella. Scaldare un po' di olio d'oliva e soffriggere lo scalogno, l'aglio, lo zenzero e gli anacardi per 1 minuto. Aggiungere il miele e mescolare finché le verdure non saranno ricoperte. Cospargere di farina e aggiungere vino o sherry. Aggiungere i funghi, lo zafferano e la paprika e cuocere per 1 minuto. Aggiungere il pollo, la salsa di soia, metà del succo di limone, sale e pepe e scaldare. Togliere dalla padella e tenere in caldo. Scaldare ancora un po' d'olio d'oliva, aggiungere le foglie di lattuga e mescolare velocemente, condire con sale, pepe e il resto del succo di lime. Disporre le foglie di insalata su un piatto riscaldato, distribuirvi sopra la carne e le verdure e servire.

pollo e prosciutto

per 4 persone

225 g di pollo, tagliato a fettine molto sottili
75 ml/5 cucchiai di salsa di soia
15 ml / 1 cucchiaio di vino di riso o sherry secco
15 ml / 1 cucchiaio di zucchero di canna
5 ml/1 cucchiaino di radice di zenzero tritata
1 spicchio d'aglio, schiacciato
225 g di prosciutto cotto tagliato a dadini
30 ml/2 cucchiai di miele

Metti il pollo in una ciotola con 45 ml/3 cucchiai ciascuno di salsa di soia, vino o sherry, zucchero, zenzero e aglio. Lasciare marinare per 3 ore. Infilare il pollo e il prosciutto negli spiedini di kebab. Mescolare il resto della salsa di soia con il miele e spennellare gli spiedini. Grigliare su una griglia ben calda per ca. 10 minuti, girando spesso e spennellando con la glassa durante la cottura.

Fegato di pollo alla griglia

per 4 persone

450 g di fegato di pollo
45 ml/3 cucchiai di salsa di soia
15 ml / 1 cucchiaio di vino di riso o sherry secco
15 ml / 1 cucchiaio di zucchero di canna
5 ml/1 cucchiaino di sale
5 ml/1 cucchiaino di radice di zenzero tritata
1 spicchio d'aglio, schiacciato

Cuocere i fegatini di pollo in acqua bollente per 2 minuti e scolarli bene. Metterlo in una ciotola con tutti gli altri ingredienti tranne l'olio d'oliva e lasciar marinare per ca. 3 ore. Infilare i fegatini di pollo sugli spiedini di kebab e friggerli sulla griglia ben calda per ca. 8 minuti fino a doratura.

Polpette di granchio di castagne d'acqua

per 4 persone

450 g di polpa di granchio tritata

100 g di castagne d'acqua, tritate

1 spicchio d'aglio, schiacciato

1 cm/½ di radice di zenzero a fette, tritata

45 ml / 3 cucchiai di farina di mais (amido di mais)

30 ml/2 cucchiai di salsa di soia

15 ml / 1 cucchiaio di vino di riso o sherry secco

5 ml/1 cucchiaino di sale

5 ml/1 cucchiaino di zucchero

3 uova sbattute

olio per friggere

Mescolare tutti gli ingredienti tranne l'olio e formare delle palline. Scaldate l'olio e friggete le polpette di granchio fino a doratura. Scolare bene prima di servire.

somma debole

per 4 persone

100 g di gamberi sgusciati, tritati
225 g/8 once di carne di maiale magra, tritata finemente
50 g di cavolo cinese tritato finemente
3 erba cipollina (erba cipollina), tritata
1 uovo sbattuto
30 ml/2 cucchiai di amido di mais (amido di mais)
10 ml/2 cucchiaini di salsa di soia
5 ml/1 cucchiaino di olio di sesamo
5 ml/1 cucchiaino di salsa di ostriche
24 pelli di wonton
olio per friggere

Unisci gamberi, maiale, cavolo e cipolla. Aggiungere le uova, l'amido di mais, la salsa di soia, l'olio di sesamo e la salsa di ostriche. Metti dei cucchiai di composto al centro di ogni pelle di wonton. Premere delicatamente gli involucri attorno al ripieno, unendo i bordi ma lasciando la parte superiore aperta. Scaldare l'olio e friggere i dim sum, pochi alla volta, finché non saranno dorati. Scolatele bene e servitele calde.

Involtini di pollo e prosciutto

per 4 persone

2 petti di pollo

1 spicchio d'aglio, schiacciato

2,5 ml/¬Ω cc sale

2,5 ml/¬Ω circa cinque spezie in polvere

4 fette di prosciutto cotto

1 uovo sbattuto

30 ml/2 cucchiai di latte

1 oncia/¬ tazza/25 g di farina semplice (per tutti gli usi)

4 gusci per involtini primavera

olio per friggere

Tagliare i petti di pollo a metà. Tritateli finché non saranno molto fini. Unisci l'aglio, il sale e le cinque spezie in polvere e cospargili sul pollo. Disporre su ogni pezzo di pollo una fetta di prosciutto e arrotolare bene. Mescolare l'uovo e il latte. Passare leggermente i pezzi di pollo nella farina e immergerli nel composto di uova. Disporre ogni pezzo su una teglia e spennellare i bordi con l'uovo sbattuto. Ripiegare i lati e arrotolare, pizzicando i bordi per sigillare. Scaldare l'olio e friggere gli involtini per circa 5 minuti finché non saranno dorati

marrone e ben fatto. Scolare su carta assorbente e tagliare a fette spesse diagonali per servire.

Tartellette al prosciutto cotto

per 4 persone

350 g/12 oz/3 tazze di farina semplice (per tutti gli usi)
6 once/¬œ tazza/175 g di burro
120 ml/4 fl oz/¬Ω tazza di acqua
8 once/225 g di prosciutto tritato
100 g/4 once di germogli di bambù tritati
2 erba cipollina (erba cipollina), tritata
15 ml/1 cucchiaio di salsa di soia
30 ml/2 cucchiai di semi di sesamo

Mettete la farina in una ciotola e strofinatela con il burro. Mescolare l'acqua per formare una pasta. Stendere la pasta e tagliarla in cerchi di 5 cm/2. Mescolare tutti gli ingredienti rimanenti tranne i semi di sesamo e versarli in ogni cerchio. Spennellare i bordi dell'impasto con acqua e sigillare bene. Spennellare la parte esterna con acqua e cospargere con semi di sesamo. Cuocere in forno preriscaldato a 180°C/termostato 4 per 30 minuti.

Pesce pseudo affumicato

per 4 persone

1 branzino

3 fette di radice di zenzero, affettate

1 spicchio d'aglio, schiacciato

1 erba cipollina (cipolla verde), tagliata a fette spesse

75 ml/5 cucchiai di salsa di soia

30 ml/2 cucchiai di vino di riso o sherry secco

2,5 ml/¬Ω c.anice macinato

2,5 ml/¬Ω c.olio di sesamo

10 ml/2 cucchiaini di zucchero

120 ml/4 fl oz/¬Ω tazza di brodo

olio per friggere

5 ml/1 cucchiaino di amido di mais (amido di mais)

Mondate il pesce e tagliatelo a fette di 5 mm contropelo. Mescolare zenzero, aglio, erba cipollina, 60 ml/4 cucchiai di salsa di soia, sherry, semi di anice e olio di sesamo. Versare sul pesce e mescolare delicatamente. Lasciare riposare per 2 ore girando di tanto in tanto.

Versare la marinata in una padella e asciugare il pesce su carta assorbente. Aggiungere lo zucchero, il brodo e la restante salsa di soia

marinata, portare a ebollizione e cuocere per 1 minuto. Se avete bisogno di addensare la salsa, mescolate l'amido di mais con un po' di acqua fredda, aggiungete alla salsa e fate cuocere, mescolando, finché la salsa non si sarà addensata.

Nel frattempo scaldate l'olio e friggete il pesce fino a doratura. Asciugare bene. Immergere i pezzi di pesce nella marinata e adagiarli su un piatto riscaldato. Servire caldo o freddo.

funghi stufati

per 4 persone

12 grandi cappelli di funghi secchi
225 g/8 once di polpa di granchio
3 castagne d'acqua tritate
2 cipolline (erba cipollina), tritate finemente
1 albume d'uovo
15 ml/1 cucchiaio di amido di mais (amido di mais)
15 ml/1 cucchiaio di salsa di soia
15 ml / 1 cucchiaio di vino di riso o sherry secco

Mettere a bagno i funghi in acqua tiepida per una notte. Strizzare per asciugare. Unisci gli ingredienti rimanenti e usali per riempire le calotte dei funghi. Disporre su una griglia a vapore e cuocere per 40 minuti. Servire caldo.

Funghi con salsa di ostriche

per 4 persone

10 funghi cinesi secchi
250 ml/8 oz/1 tazza di brodo di manzo
15 ml/1 cucchiaio di amido di mais (amido di mais)
30 ml/2 cucchiai di salsa di ostriche
5 ml/1 cucchiaino di vino di riso o sherry secco

Immergere i funghi in acqua tiepida per 30 minuti, quindi scolarli, conservando 1 tazza/250 ml di liquido di ammollo. Scartare i gambi. Mescolare 60 ml/4 cucchiai di brodo di manzo con farina di mais per ottenere una pasta. Lessare il rimanente brodo di carne con i funghi e il succo dei funghi, coprire e cuocere a fuoco lento per 20 minuti. Togliere i funghi dal liquido con una schiumarola e metterli su un piatto caldo. Aggiungere la salsa di ostriche e lo sherry nella padella e cuocere, mescolando, per 2 minuti. Aggiungere il liquame di amido di mais e portare ad ebollizione, mescolando finché la salsa non si sarà addensata. Versare sui funghi e servire subito.

Involtini di maiale e insalata

per 4 persone

4 funghi cinesi secchi
15 ml/1 cucchiaio di olio di arachidi
8 once/225 g di carne di maiale magra, macinata
100 g/4 once di germogli di bambù tritati
100 g di castagne d'acqua, tritate
4 erba cipollina (erba cipollina), tritata
6 once/175 g di polpa di granchio sbriciolata
30 ml/2 cucchiai di vino di riso o sherry secco
15 ml/1 cucchiaio di salsa di soia
10 ml/2 cucchiaini di salsa di ostriche
10 ml/2 cucchiaini di olio di sesamo
9 foglie cinesi

Mettere a bagno i funghi in acqua tiepida per 30 minuti e poi scolarli. Eliminare i gambi e tritare le cime. Scaldare l'olio e friggere la carne di maiale per 5 minuti. Aggiungere i funghi, i germogli di bambù, le castagne d'acqua, le cipolle e la polpa di granchio e friggere per 2 minuti. Unisci il vino o lo sherry, la salsa di soia, la salsa di ostriche e l'olio di sesamo e mescola nella padella. Togliere dal fuoco. Nel frattempo sbollentare le foglie cinesi in acqua bollente per 1 minuto e poi

drenaggio. Disporre al centro di ogni sfoglia delle cucchiaiate di composto di maiale, ripiegare i lati e arrotolare per servire.

Polpette di maiale e castagne

per 4 persone

450 g/1 libbra di carne di maiale macinata (macinata)
2 once/50 g di funghi, tritati finemente
50 g di castagne d'acqua, tritate finemente
1 spicchio d'aglio, schiacciato
1 uovo sbattuto
30 ml/2 cucchiai di salsa di soia
15 ml / 1 cucchiaio di vino di riso o sherry secco
5 ml/1 cucchiaino di radice di zenzero tritata
5 ml/1 cucchiaino di zucchero
sale
30 ml/2 cucchiai di amido di mais (amido di mais)
olio per friggere

Mescolare tutti gli ingredienti tranne l'amido di mais e formare delle palline con il composto. Arrotolare l'amido di mais. Scaldate l'olio e friggete le polpette per circa 10 minuti fino a doratura. Scolare bene prima di servire.

Polpette di maiale

Per 4.6

450 g/1 libbra di farina semplice (per tutti gli usi)
500 ml/17 once/2 tazze di acqua
450 g/1 libbra di carne di maiale cotta, macinata
8 once/225 g di gamberetti sgusciati, tritati
4 gambi di sedano tritati
15 ml/1 cucchiaio di salsa di soia
15 ml / 1 cucchiaio di vino di riso o sherry secco
15 ml/1 cucchiaio di olio di sesamo
5 ml/1 cucchiaino di sale
2 cipolline (erba cipollina), tritate finemente
2 spicchi d'aglio, schiacciati
1 fetta di radice di zenzero tritata

Mescolare farina e acqua fino ad ottenere un impasto morbido e impastare bene. Coprire e lasciare riposare per 10 minuti. Stendere la pasta il più sottile possibile e ritagliare dei cerchi di 5 cm/2. Mescolare tutti gli ingredienti rimanenti. Versare il composto in ogni cerchio, inumidire i bordi e sigillare formando un semicerchio. Far bollire una pentola d'acqua e immergere con cura le polpette nell'acqua.

Torte di maiale e vitello

per 4 persone

100 g di carne di maiale macinata (tritata)
100 g di carne macinata di vitello (tritata)
1 fetta di pancetta tritata (macinata)
15 ml/1 cucchiaio di salsa di soia
sale e pepe
1 uovo sbattuto
30 ml/2 cucchiai di amido di mais (amido di mais)
olio per friggere

Aggiungere la carne macinata e la pancetta e condire con sale e pepe. Legatelo con l'uovo, formate delle palline grandi quanto una noce e spolverizzate con amido di mais. Scaldare l'olio e friggere fino a doratura. Scolare bene prima di servire.

gamberetti farfalla

per 4 persone

450 g di gamberi grandi, sgusciati
15 ml/1 cucchiaio di salsa di soia
5 ml/1 cucchiaino di vino di riso o sherry secco
5 ml/1 cucchiaino di radice di zenzero tritata
2,5 ml/½ cc sale
2 uova, sbattute
30 ml/2 cucchiai di amido di mais (amido di mais)
15 ml/1 cucchiaio di farina di frumento (per tutti gli usi)
olio per friggere

Tagliate i gamberi a metà partendo dalla parte posteriore e allargateli verso l'esterno formando una farfalla. Unisci salsa di soia, vino o sherry, zenzero e sale. Versare sopra i gamberi e lasciare marinare per 30 minuti. Togliere dalla marinata e asciugare. Sbattete l'uovo con la maizena e la farina fino ad ottenere una pasta e immergete i gamberi nella pasta. Scaldare l'olio e friggere i gamberi fino a doratura. Scolare bene prima di servire.

Gamberetti cinesi

per 4 persone

450 g di gamberi sgusciati
30 ml/2 cucchiai di salsa Worcestershire
15 ml/1 cucchiaio di salsa di soia
15 ml / 1 cucchiaio di vino di riso o sherry secco
15 ml / 1 cucchiaio di zucchero di canna

Mettete i gamberi in una ciotola. Mescolare il resto degli ingredienti, versare sui gamberi e lasciare marinare per 30 minuti. Trasferire su una teglia e cuocere in forno preriscaldato a 150°C/termostato 2 per 25 minuti. Servire caldo o freddo nei gusci in modo che i commensali possano realizzare i propri gusci.

Nuvole di drago

per 4 persone

Cracker di gamberi da 100 g

olio per friggere

Scaldare l'olio fino a quando sarà molto caldo. Aggiungete una manciata di cracker di gamberi alla volta e friggeteli per qualche secondo finché non si gonfieranno. Togliere dall'olio e scolare su carta assorbente mentre si continua a cuocere le torte.

Gamberi croccanti

per 4 persone

450 g di gamberoni tigre senza guscio
15 ml / 1 cucchiaio di vino di riso o sherry secco
10 ml/2 cucchiaini di salsa di soia
5 ml/1 cucchiaino di polvere di cinque spezie
sale e pepe
90 ml/6 cucchiai di farina di mais (amido di mais)
2 uova, sbattute
100 g di pangrattato
olio di arachidi per friggere

Condire i gamberi con vino o sherry, salsa di soia e polvere di cinque spezie e condire con sale e pepe. Passateli nell'amido di mais e poi passateli nell'uovo sbattuto e nel pangrattato. Friggeteli in olio bollente per qualche minuto fino a quando saranno leggermente dorati, scolateli e serviteli subito.

Gamberi con salsa allo zenzero

per 4 persone

15 ml/1 cucchiaio di salsa di soia

5 ml/1 cucchiaino di vino di riso o sherry secco

5 ml/1 cucchiaino di olio di sesamo

450 g di gamberi sgusciati

30 ml/2 cucchiai di prezzemolo fresco tritato

15 ml/1 cucchiaio di aceto di vino

5 ml/1 cucchiaino di radice di zenzero tritata

Unisci salsa di soia, vino o sherry e olio di sesamo. Versare sui gamberi, coprire e lasciare marinare per 30 minuti. Grigliare i gamberi per qualche minuto fino a cottura ultimata, spennellarli con la marinata. Nel frattempo mescolare prezzemolo, aceto di vino e zenzero per servire con i gamberi.

Gamberi e involtini di pasta

per 4 persone

50 g di pasta all'uovo, tagliata a pezzi

15 ml/1 cucchiaio di olio di arachidi

50 g/2 once di carne di maiale magra, tritata finemente

100 g/4 once di funghi tritati

3 erba cipollina (erba cipollina), tritata

100 g di gamberi sgusciati, tritati

15 ml / 1 cucchiaio di vino di riso o sherry secco

sale e pepe

24 pelli di wonton

1 uovo sbattuto

olio per friggere

Cuocete la pasta in acqua bollente per 5 minuti, scolatela e tritatela. Scaldare l'olio e friggere la carne di maiale per 4 minuti. Aggiungere i funghi e le cipolle, soffriggere per 2 minuti e togliere dal fuoco. Unisci i gamberi, il vino o lo sherry e la pasta e condisci con sale e pepe. Mettete al centro di ogni wonton delle cucchiaiate di composto e spennellate i bordi con l'uovo sbattuto. Ripiegare i bordi e arrotolare i cartocci sigillando i bordi. Scaldate l'olio e friggete gli involtini

pochi alla volta per circa 5 minuti fino a doratura. Scolare su carta assorbente prima di servire.

Toast ai gamberetti

per 4 persone

2 uova 450 g/1 lb di gamberi sgusciati, tritati
15 ml/1 cucchiaio di amido di mais (amido di mais)
1 cipolla, tritata finemente
30 ml/2 cucchiai di salsa di soia
15 ml / 1 cucchiaio di vino di riso o sherry secco
5 ml/1 cucchiaino di sale
5 ml/1 cucchiaino di radice di zenzero tritata
8 fette di pane tagliate a triangoli
olio per friggere

Mescolare 1 uovo con tutti gli ingredienti rimanenti tranne il pane e l'olio. Versare il composto sui triangoli di pane e pressarli formando una cupola. Spennellare con l'uovo rimasto. Scaldate circa 5 cm di olio e friggete i triangoli di pane finché non saranno dorati. Scolare bene prima di servire.

Wonton di maiale e gamberi con salsa agrodolce

per 4 persone

120 ml/4 fl oz/½ tazza di acqua

60 ml/4 cucchiai di aceto di vino

60 ml/4 cucchiai di zucchero di canna

30 ml/2 cucchiai di passata di pomodoro (pasta)

10 ml/2 cucchiaini di amido di mais (amido di mais)

25 g di funghi, tritati

25 g/1 oncia di gamberi sgusciati, tritati

2 once/50 g di carne di maiale magra, macinata

2 erba cipollina (erba cipollina), tritata

5 ml/1 cucchiaino di salsa di soia

2,5 ml/½ c.radice di zenzero grattugiata

1 spicchio d'aglio, schiacciato

24 pelli di wonton

olio per friggere

In un pentolino mescolare l'acqua, l'aceto di vino, lo zucchero, la passata di pomodoro e l'amido di mais. Portare a ebollizione, mescolando continuamente, e cuocere per 1 minuto. Togliere dal fuoco e tenere al caldo.

Unisci funghi, gamberetti, maiale, cipolla, salsa di soia, zenzero e aglio. Disporre le cucchiaiate di ripieno su ogni pelle, spennellare i bordi con acqua e premere per sigillare. Scaldate l'olio e friggete i wonton pochi alla volta fino a doratura. Scolatele su carta assorbente e servitele calde con salsa agrodolce.

Brodo di pollo

Per 2 quarti/3½ quarti/8½ tazze

2 libbre/1,5 kg di ossa di pollo cotte o crude

Osso di maiale da 450 g/1 libbra

1 cm / ½ pezzo di radice di zenzero

3 cipolline (scalogno), affettate

1 spicchio d'aglio, schiacciato

5 ml/1 cucchiaino di sale

2,25 litri/4 qts/10 tazze di acqua

Portare a ebollizione tutti gli ingredienti, coprire e cuocere per 15 minuti. Rimuovere eventuali grassi. Coprire e cuocere per 1 ora e 1/2. Filtrare, raffreddare e scolare. Congelare in piccole quantità o conservare in frigorifero e consumare entro 2 giorni.

Germogli di soia e zuppa di maiale

per 4 persone

450 g/1 libbra di carne di maiale a dadini

2½ qt./6 tazze/1,5 L di brodo di pollo

5 fette di radice di zenzero

350 g di germogli di soia

15 ml/1 cucchiaio di sale

Sbollentare la carne di maiale in acqua bollente per 10 minuti, quindi scolarla. Far bollire il brodo e aggiungere la carne di maiale e lo zenzero. Coprire e cuocere per 50 minuti. Aggiungere i germogli di soia e il sale e cuocere per 20 minuti.

Zuppa di abalone e funghi

per 4 persone

60 ml/4 cucchiai di olio di arachidi

100 g/4 once di carne di maiale magra, tagliata a listarelle

225 g di abalone in scatola, tagliato a strisce

100 g di funghi, affettati

2 gambi di sedano, affettati

50 g di prosciutto tagliato a listarelle

2 cipolle, affettate

2½ punti/6 tazze/1,5 l di acqua

30 ml/2 cucchiai di aceto di vino

45 ml/3 cucchiai di salsa di soia

2 fette di radice di zenzero tritata

sale e pepe macinato fresco

15 ml/1 cucchiaio di amido di mais (amido di mais)

45 ml/3 cucchiai di acqua

Scaldare l'olio e rosolare il maiale, l'abalone, i funghi, il sedano, il prosciutto e la cipolla per 8 minuti. Aggiungere acqua e aceto di vino, portare ad ebollizione, coprire e cuocere per 20 minuti. Aggiungere salsa di soia, zenzero, sale e pepe. Mescolare l'amido di mais in una pasta con

acqua, unire alla zuppa e cuocere, mescolando, per 5 minuti finché la zuppa non si schiarisce e si addensa.

Zuppa di pollo e asparagi

per 4 persone

100 g di pollo, tritato

2 albumi

2,5 ml/½ cucchiaino di sale

30 ml/2 cucchiai di amido di mais (amido di mais)

225 g di asparagi, tagliati a pezzi di 5 cm

100 g di germogli di soia

2½ qt./6 tazze/1,5 L di brodo di pollo

100 g di funghi champignon

Mescolare il pollo con gli albumi, il sale e l'amido di mais e lasciarlo riposare per 30 minuti. Cuocere il pollo in acqua bollente per circa 10 minuti fino a cottura ultimata e scolarlo bene. Scottare gli asparagi in acqua bollente per 2 minuti, quindi scolarli. Sbollentare i germogli di scia in acqua bollente per 3 minuti, quindi scolarli. Versare il brodo in una pentola capiente e aggiungere il pollo, gli asparagi, i funghi e i germogli di soia. Lessare e aggiustare di sale. Cuocere per qualche minuto per permettere ai sapori di svilupparsi e fino a quando le verdure saranno tenere ma ancora croccanti.

zuppa di carne

per 4 persone

225 g/8 once di carne macinata (macinata)

15 ml/1 cucchiaio di salsa di soia

15 ml / 1 cucchiaio di vino di riso o sherry secco

15 ml/1 cucchiaio di amido di mais (amido di mais)

2 quarti/5 tazze/1,2 L di brodo di pollo

5 ml/1 cucchiaino di salsa di peperoncino

sale e pepe

2 uova, sbattute

6 cipolle (erba cipollina), tritate

Mescolare la carne con salsa di soia, vino o sherry e amido di mais. Aggiungere al brodo e portare gradualmente ad ebollizione mescolando. Aggiungere la salsa di fagioli rossi, aggiustare di sale e pepe, coprire e cuocere per ca. 10 minuti, mescolando di tanto in tanto. Mescolare le uova e servire cosparse di erba cipollina.

Zuppa cinese di manzo e foglie

per 4 persone

200 g di manzo magro, tagliato a listarelle

15 ml/1 cucchiaio di salsa di soia

15 ml/1 cucchiaio di olio di arachidi

2½ qt./6 tazze/1,5 L di brodo di manzo

5 ml/1 cucchiaino di sale

2,5 ml/½ cucchiaino di zucchero

½ testa di foglie cinesi tagliate a pezzi

Mescolare la carne con la salsa di soia e l'olio e lasciare marinare per 30 minuti, mescolando di tanto in tanto. Far bollire il brodo con sale e zucchero, aggiungere le foglie cinesi e cuocere per ca. 10 minuti fino a quando sarà quasi cotto. Aggiungere la carne e cuocere per altri 5 minuti.

Zuppa di cavoli

per 4 persone
60 ml/4 cucchiai di olio di arachidi
2 cipolle tritate
100 g/4 once di carne di maiale magra, tagliata a listarelle
8 once/225 g di cavolo cinese, tritato
10 ml/2 cucchiaini di zucchero
2 quarti/5 tazze/1,2 L di brodo di pollo
45 ml/3 cucchiai di salsa di soia
sale e pepe
15 ml/1 cucchiaio di amido di mais (amido di mais)

Scaldare l'olio e friggere la cipolla e il maiale fino a quando saranno leggermente dorati. Aggiungere il cavolo e lo zucchero e friggere per 5 minuti. Aggiungere il brodo e la salsa di soia e condire con sale e pepe. Portare a ebollizione, coprire e cuocere a fuoco lento per 20 minuti. Mescolare la maizena con un po' d'acqua, aggiungere la zuppa e cuocere, mescolando, finché la zuppa non si addensa e diventa chiara.

Zuppa di manzo piccante

per 4 persone

45 ml/3 cucchiai di olio di arachidi

1 spicchio d'aglio, schiacciato

5 ml/1 cucchiaino di sale

225 g/8 once di carne macinata (macinata)

6 cipollotti (scalogno), tagliati a strisce

1 peperone rosso, tagliato a strisce

1 peperone verde, tagliato a strisce

225 g/8 once di cavolo, tritato

1 tazza e ¾/1 litro/4 tazze e ¼ di brodo di manzo

30 ml/2 cucchiai di salsa di prugne

30 ml/2 cucchiai di salsa hoisin

45 ml/3 cucchiai di salsa di soia

2 pezzi di gambo di zenzero, tritati

2 uova

5 ml/1 cucchiaino di olio di sesamo

225 g/8 once di tagliatelle trasparenti, ammollate

Scaldare l'olio d'oliva e rosolare l'aglio e il sale fino a quando saranno leggermente dorati. Aggiungete la carne e fatela rosolare velocemente. Aggiungere le verdure e rosolarle fino a renderle traslucide. Aggiungere brodo, salsa di prugne, salsa hoisin, 2/30 ml

cucchiaio di salsa di soia e zenzero, portare ad ebollizione e cuocere per 10 minuti. Sbattere le uova con l'olio di sesamo e il resto della salsa di soia. Aggiungere la zuppa con le tagliatelle e cuocere, mescolando, fino a quando le uova saranno morbide e le tagliatelle tenere.

zuppa paradisiaca

per 4 persone

2 erba cipollina (erba cipollina), tritata

1 spicchio d'aglio, schiacciato

30 ml/2 cucchiai di prezzemolo fresco tritato

5 ml/1 cucchiaino di sale

15 ml/1 cucchiaio di olio di arachidi

30 ml/2 cucchiai di salsa di soia

2½ punti/6 tazze/1,5 l di acqua

Mescolare erba cipollina, aglio, prezzemolo, sale, olio e salsa di soia. Far bollire l'acqua, versarvi sopra il composto di erba cipollina e lasciare agire per 3 minuti.

Zuppa di pollo e germogli di bambù

per 4 persone

2 cosce di pollo

30 ml/2 cucchiai di olio di arachidi

5 ml/1 cucchiaino di vino di riso o sherry secco

2½ qt./6 tazze/1,5 L di brodo di pollo

3 erba cipollina, affettata

100 g di germogli di bambù, tagliati a pezzi

5 ml/1 cucchiaino di radice di zenzero tritata

sale

Disossare il pollo e tagliare la carne a pezzetti. Scaldare l'olio e friggere il pollo finché non sarà sigillato su tutti i lati. Aggiungere il brodo, i cipollotti, i germogli di bambù e lo zenzero, portare ad ebollizione e cuocere per circa 20 minuti finché il pollo sarà tenero. Aggiustare di sale prima di servire.

Zuppa di pollo e mais

per 4 persone
1 tazza e ¾/1 litro/4 tazze e ¼ di brodo di pollo
190 g di pollo, tritato
200 g / 7 oz crema di mais dolce
fetta di prosciutto, tritata
uovo sbattuto
15 ml / 1 cucchiaio di vino di riso o sherry secco

Portare a ebollizione il brodo e il pollo, coprire e cuocere a fuoco lento per 15 minuti. Aggiungere il mais e il prosciutto, coprire e cuocere per 5 minuti. Aggiungere le uova e lo sherry, mescolando lentamente con una bacchetta in modo che le uova formino dei cordoncini. Togliere dal fuoco, coprire e lasciare riposare per 3 minuti prima di servire.

Zuppa di pollo e zenzero

per 4 persone

4 funghi cinesi secchi
2½ punti/6 tazze/1,5 L di acqua o brodo di pollo
225 g/8 once di carne di pollo, tagliata a dadini
10 fette di radice di zenzero
5 ml/1 cucchiaino di vino di riso o sherry secco
sale

Mettere a bagno i funghi in acqua tiepida per 30 minuti e poi scolarli. Scartare i gambi. Far bollire l'acqua o il brodo con gli altri ingredienti e cuocere a fuoco basso per ca. 20 minuti, fino a quando il pollo sarà cotto.

Zuppa di pollo con funghi cinesi

per 4 persone

25 g/1 oncia di funghi cinesi secchi
100 g di pollo, tritato
2 once/50 g di germogli di bambù, tritati
30 ml/2 cucchiai di salsa di soia
30 ml/2 cucchiai di vino di riso o sherry secco
2 quarti/5 tazze/1,2 L di brodo di pollo

Mettere a bagno i funghi in acqua tiepida per 30 minuti e poi scolarli. Eliminare i gambi e tagliare le sommità. Sbollentare i funghi, il pollo e i germogli di bambù in acqua bollente per 30 secondi, quindi scolarli. Metterli in una ciotola e aggiungerli alla salsa di soia e al vino o allo sherry. Lasciare marinare per 1 ora. Far bollire il brodo, aggiungere il composto di pollo e la marinata. Mescolare bene e cuocere per qualche minuto fino a quando il pollo sarà cotto.

Zuppa di pollo e riso

per 4 persone

1 tazza e ¾/1 litro/4 tazze e ¼ di brodo di pollo
225 g/8 oz/1 tazza di riso a grani lunghi cotto
100 g di pollo cotto, tagliato a strisce
1 cipolla, tagliata in quarti
5 ml/1 cucchiaino di salsa di soia

Scaldare con attenzione tutti gli ingredienti insieme fino a quando saranno caldi, senza far bollire la zuppa.

Zuppa di pollo e cocco

per 4 persone

Petto di pollo da 350 g/12 once

sale

10 ml/2 cucchiaini di amido di mais (amido di mais)

30 ml/2 cucchiai di olio di arachidi

1 peperoncino verde, tritato

1¾ punti/4¼ tazze di latte di cocco

5 ml/1 cucchiaino di scorza di limone

12 litchi

pizzico di noce moscata grattugiata

sale e pepe macinato fresco

2 foglie di melissa

Tagliare il petto di pollo in diagonale a listarelle. Cospargere di sale e ricoprire con amido di mais. Scaldare 2 cucchiai/10 ml di olio in un wok, mescolare e versare. Ripeti ancora una volta. Scaldare il resto dell'olio e rosolare il pollo e il pepe per 1 minuto. Aggiungere il latte di cocco e portare ad ebollizione. Aggiungere la scorza di limone e cuocere per 5 minuti.

Aggiungere i litchi, condire con noce moscata, sale e pepe e servire guarnito con melissa.

zuppa di vongole

per 4 persone

2 funghi cinesi secchi
12 vongole, ammollate e lavate
2½ qt./6 tazze/1,5 L di brodo di pollo
2 once/50 g di germogli di bambù, tritati
2 once/50 g di piselli, tagliati a metà
2 scalogni (scalogno), affettati
15 ml / 1 cucchiaio di vino di riso o sherry secco
pizzico di pepe appena macinato

Mettere a bagno i funghi in acqua tiepida per 30 minuti e poi scolarli. Eliminare i gambi e dividere la parte superiore a metà. Cuocere le cozze per ca. 5 minuti fino all'apertura; scartare tutto ciò che rimane non aperto. Togliere le vongole dal guscio. Far bollire il brodo e aggiungere i funghi, i germogli di bambù, il basilico e l'erba cipollina. Cuocere scoperto per 2 minuti. Aggiungere le vongole, il vino o lo sherry e il pepe e cuocere fino a quando saranno ben cotti.

zuppa di uova

per 4 persone
2 quarti/5 tazze/1,2 L di brodo di pollo
3 uova sbattute
45 ml/3 cucchiai di salsa di soia
sale e pepe macinato fresco
4 scalogni (scalogno), affettati

Fai bollire il brodo. Aggiungere poco a poco le uova sbattute, mescolando in modo che si separino in filamenti. Unire la salsa di soia e condire con sale e pepe. Servire guarnito con erba cipollina.

Zuppa di granchio e capesante

per 4 persone

4 funghi cinesi secchi
15 ml/1 cucchiaio di olio di arachidi
1 uovo sbattuto
2½ qt./6 tazze/1,5 L di brodo di pollo
6 once/175 g di polpa di granchio sbriciolata
100 g di capesante arrostite, tagliate a fette
100 g di germogli di bambù, affettati
2 erba cipollina (erba cipollina), tritata
1 fetta di radice di zenzero tritata
qualche gamberone bollito senza guscio (facoltativo)
45 ml / 3 cucchiai di farina di mais (amido di mais)
90 ml/6 cucchiai di acqua
30 ml/2 cucchiai di vino di riso o sherry secco
20 ml/4 cucchiaini di salsa di soia
2 albumi

Mettere a bagno i funghi in acqua tiepida per 30 minuti e poi scolarli. Eliminare i gambi e affettare sottilmente le cappelle.

Scaldare l'olio, aggiungere l'uovo e inclinare la padella in modo che l'uovo copra il fondo. Cuocere fino a quando

girare e cuocere l'altro lato. Togliere dalla padella, arrotolare e tagliare a strisce sottili.

Far bollire il brodo, aggiungere i funghi, le strisce di uova, la polpa di granchio, le capesante, i germogli di bambù, le cipolle, lo zenzero e i gamberetti se lo si desidera. Lascia bollire di nuovo. Mescolare la farina di mais con 4 cucchiai/60 ml di acqua, vino o sherry e salsa di soia e incorporare alla zuppa. Cuocere, mescolando continuamente, finché la zuppa non si addensa. Montare gli albumi con la restante acqua e versare lentamente il composto nella zuppa, mescolando energicamente.

zuppa di granchio

per 4 persone

90 ml/6 cucchiai di olio di arachidi

3 cipolle tritate

225 g/8 once di polpa di granchio bianca e marrone

1 fetta di radice di zenzero tritata

2 quarti/5 tazze/1,2 L di brodo di pollo

¼pt/150ml/tazza di vino di riso o sherry secco

45 ml/3 cucchiai di salsa di soia

sale e pepe macinato fresco

Scaldare l'olio e friggere la cipolla fino a renderla morbida ma non dorata. Aggiungere la polpa di granchio e lo zenzero e friggere per 5 minuti. Aggiungere brodo, vino o sherry e salsa di soia, sale e pepe. Portare a ebollizione quindi cuocere a fuoco lento per 5 minuti.

Zuppa di pesce

per 4 persone

Filetti di pesce da 225 g/8 once
1 fetta di radice di zenzero tritata
15 ml / 1 cucchiaio di vino di riso o sherry secco
30 ml/2 cucchiai di olio di arachidi
2½ punti/1,5 l/6 tazze di brodo di pesce

Tagliare il pesce a listarelle sottili contro la venatura. Mescolare lo zenzero, il vino o lo sherry e l'olio d'oliva, aggiungere il pesce e mescolare delicatamente. Lasciare marinare per 30 minuti, girando di tanto in tanto. Far bollire il brodo, aggiungere il pesce e cuocere a fuoco basso per 3 minuti.

Zuppa di pesce e insalata

per 4 persone

Filetti di coregone da 225 g/8 once

30 ml/2 cucchiai di farina di frumento (per tutti gli usi)

sale e pepe macinato fresco

90 ml/6 cucchiai di olio di arachidi

6 scalogni (scalogno), affettati

100 g/4 once di lattuga, grattugiata

2 punti/5 tazze/1,2 l di acqua

10 ml/2 cucchiaini di radice di zenzero tritata finemente

150 ml/¼ pt/½ tazza generosa di vino di riso o sherry secco

30 ml/2 cucchiai di amido di mais (amido di mais)

30 ml/2 cucchiai di prezzemolo fresco tritato

10 ml/2 cucchiaini di succo di limone

30 ml/2 cucchiai di salsa di soia

Tagliare il pesce a listarelle sottili e mescolarlo con la farina stagionata. Scaldare l'olio d'oliva e rosolare il cipollotto fino a renderlo morbido. Aggiungere l'insalata e far rosolare per 2 minuti. Aggiungere il pesce e cuocere per 4 minuti. Aggiungere acqua, zenzero e vino o sherry, portare ad ebollizione, coprire e cuocere per 5 minuti. Mescolare l'amido di mais con un po' d'acqua e aggiungerlo alla zuppa. Cuocere, mescolando, per altri 4 minuti, finché la zuppa sarà cotta

alleggerire e condire con sale e pepe. Servire cosparso di prezzemolo, succo di limone e salsa di soia.

Zuppa di zenzero con gnocchi

per 4 persone

5 cm/2 in un pezzo di radice di zenzero grattugiata

350 g/12 once di zucchero di canna

2½ punti/1,5 L/7 tazze d'acqua

225 g/8 once/2 tazze di farina di riso

2,5 ml/½ cucchiaino di sale

60 ml/4 cucchiai di acqua

Mettete in un pentolino lo zenzero, lo zucchero e l'acqua e fate scaldare mescolando continuamente. Coprire e cuocere per circa 20 minuti. Filtrare la zuppa e rimetterla nella pentola.

Nel frattempo mettete in una ciotola la farina e il sale e impastate lentamente con acqua quanto basta per formare un impasto denso. Formate delle piccole palline e immergetele nella zuppa. Lessare nuovamente la zuppa, coprire e cuocere per altri 6 minuti fino a quando gli gnocchi saranno cotti.

Zuppa forte e acida

per 4 persone

8 funghi cinesi secchi
1 tazza e ¾/1 litro/4 tazze e ¼ di brodo di pollo
100 g di pollo, tagliato a listarelle
100 g di germogli di bambù, tagliati a strisce
100 g di tofu tagliato a strisce
15 ml/1 cucchiaio di salsa di soia
30 ml/2 cucchiai di aceto di vino
30 ml/2 cucchiai di amido di mais (amido di mais)
2 uova, sbattute
qualche goccia di olio di sesamo

Mettere a bagno i funghi in acqua tiepida per 30 minuti e poi scolarli. Eliminare i gambi e tagliare la parte superiore a listarelle. Lessare i funghi, il brodo, il pollo, i germogli di bambù e il tofu, coprire e cuocere a fuoco lento per 10 minuti. Mescolare la salsa di soia, l'aceto di vino e l'amido di mais fino ad ottenere una pasta liscia, unirla alla zuppa e cuocere per 2 minuti finché la zuppa non sarà trasparente. Aggiungere lentamente le uova e l'olio di sesamo, mescolando con una bacchetta. Coprire e lasciare riposare per 2 minuti prima di servire.

Zuppa di funghi

per 4 persone

15 funghi cinesi secchi
2½ qt./6 tazze/1,5 L di brodo di pollo
5 ml/1 cucchiaino di sale

Immergere i funghi in acqua tiepida per 30 minuti e scolarli conservando il liquido. Eliminare i gambi e dividere le cime a metà se sono grandi e metterle in una grande ciotola resistente al calore. Metti la ciotola su una gratella in una vaporiera. Far bollire il brodo, versarvi sopra i funghi, coprire e cuocere per 1 ora in acqua bollente. Aggiustare di sale e servire.

Zuppa di funghi e cavoli

per 4 persone

25 g/1 oncia di funghi cinesi secchi
15 ml/1 cucchiaio di olio di arachidi
2 once/50 g di foglie cinesi, tritate
15 ml / 1 cucchiaio di vino di riso o sherry secco
15 ml/1 cucchiaio di salsa di soia
2 qt/5 tazze/1,2 L di brodo di pollo o vegetale
sale e pepe macinato fresco
5 ml/1 cucchiaino di olio di sesamo

Mettere a bagno i funghi in acqua tiepida per 30 minuti e poi scolarli. Eliminare i gambi e tagliare le sommità. Scaldare l'olio d'oliva e rosolare i funghi e le foglie cinesi per 2 minuti fino a quando saranno ben ricoperti. Mescolare il vino o lo sherry e la salsa di soia, quindi aggiungere il brodo. Portare a bollore, aggiustare di sale e pepe e cuocere per 5 minuti. Condire con olio di sesamo prima di servire.

Zuppa di uova con funghi

per 4 persone

1 tazza e ¾/1 litro/4 tazze e ¼ di brodo di pollo

30 ml/2 cucchiai di amido di mais (amido di mais)

100 g di funghi, affettati

1 fetta di cipolla, tritata finemente

pizzico di sale

3 gocce di olio di sesamo

2,5 ml/½ cucchiaino di salsa di soia

1 uovo sbattuto

Mescolare un po' di brodo con l'amido di mais e amalgamare tutti gli ingredienti tranne l'uovo. Portare a ebollizione, coprire e cuocere per 5 minuti. Aggiungete l'uovo, mescolate con una bacchetta in modo che l'uovo formi dei cordoncini. Togliere dal fuoco e lasciare riposare per 2 minuti prima di servire.

Zuppa di funghi e castagne d'acqua

per 4 persone

1 tazza e ¾/1 L/4 tazze e ¼ di brodo vegetale o acqua
2 cipolle, tritate finemente
5 ml/1 cucchiaino di vino di riso o sherry secco
30 ml/2 cucchiai di salsa di soia
225 g / 8 once di funghi champignon
100 g di castagne d'acqua, affettate
100 g di germogli di bambù, affettati
qualche goccia di olio di sesamo
2 foglie di lattuga, tagliate a pezzi
2 erba cipollina (erba cipollina), tagliata a pezzi

Far bollire l'acqua, la cipolla, il vino o lo sherry e la salsa di soia, coprire e cuocere a fuoco lento per 10 minuti. Aggiungere i funghi, le castagne d'acqua e i germogli di bambù, coprire e cuocere per 5 minuti. Aggiungere l'olio di sesamo, le foglie di lattuga e il cipollotto, togliere dal fuoco, coprire e lasciare riposare per 1 minuto prima di servire.

Zuppa di maiale e funghi

per 4 persone

60 ml/4 cucchiai di olio di arachidi

1 spicchio d'aglio, schiacciato

2 cipolle, affettate

8 once/225 g di carne di maiale magra, tagliata a strisce

1 gambo di sedano, tritato

2 once/50 g di funghi, affettati

2 carote, affettate

2 confezioni/5 tazze/1,2 l di brodo di manzo

15 ml/1 cucchiaio di salsa di soia

sale e pepe macinato fresco

15 ml/1 cucchiaio di amido di mais (amido di mais)

Scaldare l'olio d'oliva e soffriggere l'aglio, la cipolla e il maiale fino a quando la cipolla sarà morbida e leggermente dorata. Aggiungere il sedano, i funghi e le carote, coprire e cuocere a fuoco lento per 10 minuti. Far bollire il brodo, aggiungerlo nella padella con la salsa di soia e aggiustare di sale e pepe. Mescolare l'amido di mais con un po' d'acqua, versare nella padella e cuocere, mescolando, per circa 5 minuti.

Zuppa di maiale e crescione

per 4 persone

2½ qt./6 tazze/1,5 L di brodo di pollo
100 g/4 once di carne di maiale magra, tagliata a listarelle
3 gambi di sedano, tagliati in diagonale
2 scalogni (scalogno), affettati
1 mazzetto di crescione
5 ml/1 cucchiaino di sale

Far bollire il brodo, aggiungere la carne di maiale e il sedano, mettere il coperchio e lasciar cuocere a fuoco lento per 15 minuti. Aggiungere i cipollotti, il crescione e il sale e farli soffriggere senza coperchio per circa 4 minuti.

Zuppa di maiale e cetrioli

per 4 persone

100 g/4 once di carne di maiale magra, tagliata a fettine sottili
5 ml/1 cucchiaino di amido di mais (amido di mais)
15 ml/1 cucchiaio di salsa di soia
15 ml / 1 cucchiaio di vino di riso o sherry secco
1 cetriolo
2½ qt./6 tazze/1,5 L di brodo di pollo
5 ml/1 cucchiaino di sale

Unisci carne di maiale, amido di mais, salsa di soia e vino o sherry. Mescolare per ricoprire il maiale. Sbucciare il cetriolo e tagliarlo a metà nel senso della lunghezza, eliminando i semi. Taglio spesso. Portare a ebollizione il brodo, aggiungere la carne di maiale, coprire e cuocere a fuoco lento per 10 minuti. Aggiungere il cetriolo e cuocere per qualche minuto finché non sarà traslucido. Regolate di sale e se gradite aggiungete ancora un po' di salsa di soia.

Zuppa di polpette di maiale e noodles

per 4 persone

50 g di spaghetti di riso
225 g/8 once di carne di maiale macinata (macinata)
5 ml/1 cucchiaino di amido di mais (amido di mais)
2,5 ml/½ cucchiaino di sale
30 ml/2 cucchiai di acqua
2½ qt./6 tazze/1,5 L di brodo di pollo
1 erba cipollina (cipolla verde), tritata finemente
5 ml/1 cucchiaino di salsa di soia

Mettete la pasta in acqua fredda ad ammollare mentre preparate le polpette. Mescolare carne di maiale, amido di mais, un po' di sale e acqua e formare delle palline grandi quanto una noce. Far bollire una pentola d'acqua, aggiungere le polpette di maiale, coprire e cuocere per 5 minuti. Scolate bene e fate scolare la pasta. Portare a ebollizione il brodo, aggiungere le polpettine e la pasta, coprire e cuocere per 5 minuti. Aggiungere gli scalogni, la salsa di soia e il sale rimanente e cuocere per altri 2 minuti.

Zuppa di spinaci e tofu

per 4 persone

2 quarti/5 tazze/1,2 L di brodo di pollo

200 g di pomodori in scatola, lavati e tagliati a pezzi

8 once/225 g di tofu, tagliato a dadini

8 once/225 g di spinaci tritati

30 ml/2 cucchiai di salsa di soia

5 ml/1 cucchiaino di zucchero di canna

sale e pepe macinato fresco

Portare a ebollizione il brodo e aggiungere i pomodori, il tofu e gli spinaci e mescolare delicatamente. Riportate sul fuoco e fate cuocere per 5 minuti. Aggiungere la salsa di soia e lo zucchero e condire con sale e pepe. Lasciare bollire per 1 minuto prima di servire.

Zuppa di mais e granchio

per 4 persone

2 quarti/5 tazze/1,2 L di brodo di pollo

200 g di mais dolce

sale e pepe macinato fresco

1 uovo sbattuto

200 g di polpa di granchio, sbriciolata

3 scalogni tritati

Far bollire il brodo, aggiungere il mais e condire con sale e pepe. Cuocere a fuoco lento per 5 minuti. Poco prima di servire, roteare le uova con una forchetta e aggiungerle alla zuppa. Servire cosparso di polpa di granchio e scalogno tritato.

Zuppa di Sichuan

per 4 persone

4 funghi cinesi secchi

2½ qt./6 tazze/1,5 L di brodo di pollo

75 ml/5 cucchiai di vino bianco secco

15 ml/1 cucchiaio di salsa di soia

2,5 ml/½ cucchiaino di salsa piccante

30 ml/2 cucchiai di amido di mais (amido di mais)

60 ml/4 cucchiai di acqua

100 g/4 once di carne di maiale magra, tagliata a listarelle

50 g di prosciutto cotto tagliato a listarelle

1 peperone rosso, tagliato a strisce

50 g di castagne d'acqua, affettate

10 ml/2 cucchiaini di aceto di vino

5 ml/1 cucchiaino di olio di sesamo

1 uovo sbattuto

100 g di gamberi sgusciati

6 cipolle (erba cipollina), tritate

6 once/175 g di tofu, tagliato a dadini

Mettere a bagno i funghi in acqua tiepida per 30 minuti e poi scolarli. Eliminare i gambi e tagliare le sommità. Porta brodo, vino, soia

far bollire la salsa e la salsa di peperoncino, coprire e cuocere per 5 minuti. Mescolare l'amido di mais con metà dell'acqua e incorporarlo alla zuppa, mescolando finché la zuppa non si addensa. Aggiungere i funghi, la carne di maiale, il prosciutto, la paprika e le castagne d'acqua e cuocere per 5 minuti. Mescolare aceto di vino e olio di sesamo. Sbattere l'uovo con l'acqua rimasta e versarla nella zuppa mescolando energicamente. Aggiungere i gamberi, i cipollotti e il tofu e friggere per qualche minuto per farli scaldare.

zuppa di tofu

per 4 persone

2½ qt./6 tazze/1,5 L di brodo di pollo
8 once/225 g di tofu, tagliato a dadini
5 ml/1 cucchiaino di sale
5 ml/1 cucchiaino di salsa di soia

Far bollire il brodo e aggiungere il tofu, il sale e la salsa di soia. Cuocere per qualche minuto fino a quando il tofu sarà caldo.

Zuppa di tofu e pesce

per 4 persone

225 g di filetti di pesce bianco, tagliati a strisce
150 ml/¼ pt/½ tazza generosa di vino di riso o sherry secco
10 ml/2 cucchiaini di radice di zenzero tritata finemente
45 ml/3 cucchiai di salsa di soia
2,5 ml/½ cucchiaino di sale
60 ml/4 cucchiai di olio di arachidi
2 cipolle tritate
100 g di funghi, affettati
2 quarti/5 tazze/1,2 L di brodo di pollo
100 g di tofu tagliato a dadini
sale e pepe macinato fresco

Metti il pesce in una ciotola. Unisci vino o sherry, zenzero, salsa di soia e sale e versa sopra il pesce. Lasciare marinare per 30 minuti. Scaldare l'olio e soffriggere la cipolla per 2 minuti. Aggiungete i funghi e continuate a cuocere fino a quando le cipolle saranno morbide ma non dorate. Aggiungere il pesce e la marinata, portare a ebollizione, coprire e cuocere per 5 minuti. Aggiungere il brodo, portare ad ebollizione, coprire e cuocere a fuoco lento per 15 minuti. Aggiungere il tofu e condire con sale e pepe. Friggere fino a quando il tofu sarà cotto.

Zuppa di pomodoro

per 4 persone

400 g di pomodori in scatola, scolati e tritati
2 quarti/5 tazze/1,2 L di brodo di pollo
1 fetta di radice di zenzero tritata
15 ml/1 cucchiaio di salsa di soia
15 ml/1 cucchiaio di salsa di peperoncino
10 ml/2 cucchiaini di zucchero

Mettete tutti gli ingredienti in una padella e fate scaldare lentamente, mescolando di tanto in tanto. Cuocere per circa 10 minuti prima di servire.

Zuppa di pomodoro e spinaci

per 4 persone

2 quarti/5 tazze/1,2 L di brodo di pollo

8 once/225 g di pomodori tritati in scatola

8 once/225 g di tofu, tagliato a dadini

225 g/8 once di spinaci

30 ml/2 cucchiai di salsa di soia

sale e pepe macinato fresco

2,5 ml/½ cucchiaino di zucchero

½ cucchiaino/2,5 ml di vino di riso o sherry secco

Portare a ebollizione il brodo, aggiungere i pomodori, il tofu e gli spinaci e cuocere per 2 minuti. Aggiungete il resto degli ingredienti e fate cuocere per 2 minuti, mescolate bene e servite.

zuppa di rape

per 4 persone

1 tazza e ¾/1 litro/4 tazze e ¼ di brodo di pollo
1 rapa grande, affettata sottilmente
200 g/7 once di carne di maiale magra, tagliata a fettine sottili
15 ml/1 cucchiaio di salsa di soia
60 ml/4 cucchiai di cognac
sale e pepe macinato fresco
4 scalogni, tritati finemente

Far bollire il brodo, aggiungere la rapa e il maiale, coprire e cuocere per 20 minuti finché la rapa sarà tenera e la carne ben cotta. Aggiungere salsa di soia e cognac a piacere. Cuocere fino a quando il servizio sarà caldo cosparso di scalogno.

Zuppa di verdure

per 4 persone

6 funghi cinesi secchi
1 tazza e ¾/1 L/4 tazze e ¼ di brodo vegetale
50 g di germogli di bambù, tagliati a strisce
50 g di castagne d'acqua, affettate
8 piselli tagliati a cubetti
5 ml/1 cucchiaino di salsa di soia

Mettere a bagno i funghi in acqua tiepida per 30 minuti e poi scolarli. Eliminare i gambi e tagliare la parte superiore a listarelle. Aggiungeteli al brodo con i germogli di bambù e le castagne d'acqua e portate a bollore, coprite e fate cuocere per 10 minuti. Aggiungere le taccole e la salsa di soia, coprire e cuocere per 2 minuti. Lasciare riposare per 2 minuti prima di servire.

zuppa vegetariana

per 4 persone

¼ cavolo bianco

2 carote

3 gambi di sedano

2 cipolline (cipolle verdi)

30 ml/2 cucchiai di olio di arachidi

2½ punti/6 tazze/1,5 l di acqua

15 ml/1 cucchiaio di salsa di soia

15 ml / 1 cucchiaio di vino di riso o sherry secco

5 ml/1 cucchiaino di sale

pepe appena macinato

Tagliare le verdure a listarelle. Scaldare l'olio e friggere le verdure per 2 minuti finché non iniziano ad ammorbidirsi. Aggiungere il resto degli ingredienti, portare ad ebollizione, coprire e cuocere per 15 minuti.

zuppa di crescione

per 4 persone

1 tazza e ¾/1 litro/4 tazze e ¼ di brodo di pollo
1 cipolla, tritata finemente
1 gambo di sedano, tritato finemente
8 once/225 g di crescione, tritato grossolanamente
sale e pepe macinato fresco

Lessare il brodo, la cipolla e il sedano, mettere il coperchio e lasciar cuocere a fuoco lento per 15 minuti. Aggiungere il crescione, coprire e cuocere per 5 minuti. Condire con sale e pepe.

Pesce fritto con verdure

per 4 persone

4 funghi cinesi secchi

4 pesci interi, puliti e sgusciati

olio per friggere

30 ml/2 cucchiai di amido di mais (amido di mais)

45 ml/3 cucchiai di olio di arachidi

100 g di germogli di bambù, tagliati a strisce

50 g di castagne d'acqua, tagliate a listarelle

2 once/50 g di cavolo cinese, tritato

2 fette di radice di zenzero tritata

30 ml/2 cucchiai di vino di riso o sherry secco

30 ml/2 cucchiai di acqua

15 ml/1 cucchiaio di salsa di soia

5 ml/1 cucchiaino di zucchero

120 ml/4 fl oz/½ tazza di brodo di pesce

sale e pepe macinato fresco

½ cespo di lattuga, tagliato a pezzi

15 ml / 1 cucchiaio di prezzemolo tritato

Mettere a bagno i funghi in acqua tiepida per 30 minuti e poi scolarli. Eliminare i gambi e tagliare le sommità. Tagliare il pesce a metà

farina di mais ed eliminare l'eccesso. Scaldare l'olio e friggere il pesce per circa 12 minuti finché non sarà cotto. Scolare su carta assorbente e tenere al caldo.

Scaldare l'olio d'oliva e rosolare i funghi, i germogli di bambù, le castagne d'acqua e il cavolo per 3 minuti. Aggiungere lo zenzero, il vino o lo sherry, 15 ml/1 cucchiaio di acqua, la salsa di soia e lo zucchero e far rosolare per 1 minuto. Aggiungere il brodo, sale e pepe, portare ad ebollizione, coprire e cuocere per 3 minuti. Mescolare l'amido di mais con l'acqua rimasta, versare nella padella e cuocere, mescolando, finché la salsa non si sarà addensata. Disporre l'insalata su un piatto e adagiarvi sopra il pesce. Versare sopra le verdure e la salsa e servire guarnito con prezzemolo.

Pesce fritto intero

per 4 persone

1 branzino grande o pesce simile

45 ml / 3 cucchiai di farina di mais (amido di mais)

45 ml/3 cucchiai di olio di arachidi

1 cipolla tritata

2 spicchi d'aglio, schiacciati

50 g di prosciutto tagliato a listarelle

100 g di gamberi sgusciati

15 ml/1 cucchiaio di salsa di soia

15 ml / 1 cucchiaio di vino di riso o sherry secco

5 ml/1 cucchiaino di zucchero

5 ml/1 cucchiaino di sale

Coprire il pesce con amido di mais. Scaldare l'olio d'oliva e soffriggere la cipolla e l'aglio finché non saranno leggermente dorati. Aggiungere il pesce e friggerlo fino a doratura su entrambi i lati. Disporre il pesce su un foglio di alluminio su una teglia e guarnire con prosciutto e gamberi. Aggiungi la salsa di soia, il vino o lo sherry, lo zucchero e il sale nella padella e mescola bene. Versare sul pesce, chiudere la parte superiore con la pellicola e infornare nel forno preriscaldato a 150°C/termostato 2 per 20 minuti.

pesce di soia fritto

per 4 persone
1 branzino grande o pesce simile
sale
50 g/2 oz/¬Ω tazza di farina semplice (per tutti gli usi)
60 ml/4 cucchiai di olio di arachidi
3 fette di radice di zenzero tritata
3 erba cipollina (erba cipollina), tritata
250 ml/8 once/1 tazza di acqua
45 ml/3 cucchiai di salsa di soia
15 ml / 1 cucchiaio di vino di riso o sherry secco
2,5 ml/¬Ω c.zucchero

Pulite e squamate il pesce e tagliatelo in diagonale su entrambi i lati. Salare e lasciare riposare per 10 minuti. Scaldare l'olio e friggere il pesce finché non sarà dorato su entrambi i lati, girandolo una volta e spennellandolo con olio durante la frittura. Aggiungere lo zenzero, l'erba cipollina, l'acqua, la salsa di soia, il vino o lo sherry e lo zucchero, portare a ebollizione, coprire e cuocere a fuoco lento per 20 minuti fino a quando il pesce sarà cotto. Servire caldo e freddo.

Pesce di soia con salsa di ostriche

per 4 persone

1 branzino grande o pesce simile

sale

60 ml/4 cucchiai di olio di arachidi

3 erba cipollina (erba cipollina), tritata

2 fette di radice di zenzero tritata

1 spicchio d'aglio, schiacciato

45 ml/3 cucchiai di salsa di ostriche

30 ml/2 cucchiai di salsa di soia

5 ml/1 cucchiaino di zucchero

250 ml/8 once/1 tazza di brodo di pesce

Pulite e squamate il pesce e tagliatelo più volte in diagonale su ciascun lato. Salare e lasciare riposare per 10 minuti. Scaldare la maggior parte dell'olio e friggere il pesce finché non sarà dorato su entrambi i lati, girandolo una volta. Nel frattempo, scaldare l'olio rimasto in una padella a parte e far rosolare i cipollotti, lo zenzero e l'aglio fino a doratura. Aggiungere la salsa di ostriche, la salsa di soia e lo zucchero e friggere per 1 minuto. Aggiungere il brodo e portare ad ebollizione. Versare il composto nei pesci rossi, rimettere sul fuoco, coprire e cuocere per ca

15 minuti fino a cottura ultimata del pesce, girandolo una o due volte durante la cottura.

branzino al vapore

per 4 persone

1 branzino grande o pesce simile
2,25 L / 4 qts / 10 tazze di acqua
3 fette di radice di zenzero tritata
15 ml/1 cucchiaio di sale
15 ml / 1 cucchiaio di vino di riso o sherry secco
30 ml/2 cucchiai di olio di arachidi

Pulite e squamate il pesce e tagliatelo più volte in diagonale su entrambi i lati. Fate bollire l'acqua in una pentola capiente e aggiungete il resto degli ingredienti. Immergere il pesce nell'acqua, coprire bene, spegnere il fuoco e lasciare riposare per 30 minuti fino a quando il pesce sarà cotto.

www.ingramcontent.com/pod-product-compliance
Lightning Source LLC
Chambersburg PA
CBHW071824110526
44591CB00011B/1206